Mein erster Hund

Ein Ratgeber für die
Vorbereitung und Anfangszeit

Silvia Kaczmarek

Die Ratschläge in diesem Buch wurden sorgfältig erwogen und nach bestem Wissen verfasst, die Inhalte sind jedoch ohne Garantie auf Richtigkeit oder Vollständigkeit. Sie bieten keinen Ersatz für eine professionelle Beratung und Betreuung im Einzelfall vor Ort. Es wird daher je nach Einzelfall empfohlen, grundsätzlich einen erfahrenen Hundetrainer bzw. einen Tierarzt vor Ort zu Rate zu ziehen. Autorin und Verlag übernehmen keinerlei Haftung für Schäden und/oder Unfälle.

2. Auflage   (001-014)

Bibliografische Information der Deutschen Nationalbibliothek:

Die Deutsche Nationalbibliothek verzeichnet diese Publikation in der Deutschen Nationalbibliografie; detaillierte bibliografische Daten sind im Internet über http://dnb.dnb.de abrufbar.

Einband: Bild vorne: © Fotolia – HQUALITY

Bild hinten: Privat Silvia Kaczmarek

Herstellung und Verlag: BoD - Books on Demand, Norderstedt

ISBN: 978-3-7448-9555-2

Über die Autorin

Silvia Kaczmarek ist Tierpsychologin und befasst sich seit vielen Jahrzehnten mit Haustieren aller Art. An der Akademie für Tiernaturheilkunde (ATN, Schweiz) hat sie sich auf den Fachbereich Hund spezialisiert. Darüber hinaus wurde sie von der Industrie- und Handelskammer Potsdam zur Hundeerzieherin und Verhaltensberaterin IHK zertifiziert. Sie arbeitet als selbständige Tierpsychologin und Hundetrainerin und konnte schon vielen Hunden helfen, ein entspanntes und glückliches Leben mit ihren Familien zu führen.

Über dieses Buch

Mein erster Hund - ist ein Familienratgeber für die Vorbereitung und Anfangszeit im Zusammenleben mit dem Hund. Das Buch zeigt zukünftigen Hundebesitzern auf, worauf bereits vor der Anschaffung des Hundes besonders auch im Hinblick auf Kinder geachtet werden muss: Von der Auswahl der passenden familienfreundlichen Hunderasse bis zur Aufstellung von gemeinsamen Erziehungsregeln, die für den Hund, die Kinder und ja - auch für die Erwachsenen verbindlich gelten. Neben vielen Alltagsthemen, von der Grundausstattung des Hundes bis zum geeigneten Spielzeug geht es immer wieder auch um die Themen Sicherheit und Gesundheit, die mit vielen Tipps und Checklisten das harmonische Zusammenleben und die gemeinsame Erziehung von Kind und Hund unterstützen.

Inhaltsverzeichnis

Wer steht hier wohl der Mittelpunkt...

Vorwort

Mit diesem Buch möchte ich zukünftigen Hundehaltern aufzeigen, welche Bedürfnisse ein Hund hat und welche finanziellen Belastungen auf sie zukommen können. Vielleicht scheint dem ein oder anderen beim Lesen manches etwas überzogen, insbesondere beim Thema 'Kind und Hund'. Das kann ich durchaus verstehen. Jedoch sind die Themen die ich hier im Buch behandle das Ergebnis meiner jahrelangen Erfahrung als Tierpsychologin und Hundetrainerin, in der ich schon vieles gesehen und erlebt habe. Es soll also nicht abschreckend sein - nur zum Überlegen anregen.

Denn ich wünsche jedem das ganze Glück, das man nur mit einem Hund erleben kann – aber man geht eben auch eine Verpflichtung ein, derer man sich bewusst werden sollte.

In Amerika werden Hunde 'adoptiert'. Ich finde das eine sehr schöne Bezeichnung die uns aufzeigt, welche Verpflichtung wir eingehen, wenn wir ein solch soziales Lebewesen zu uns holen. Wir sind diejenigen, die woher auch immer – vom Tierschutz, Züchter oder von Privat – einen Hund zu sich nach Hause holen; der Hund wird nicht gefragt. Er kann nicht sagen, ich schau mir das mal ein paar Wochen an und wenn es mir nicht gefällt gehe ich wieder. Er darf nicht entscheiden, was mit ihm passiert, wenn er nicht in die Urlaubspläne passt oder die Erziehung sich schwieriger gestaltet als gedacht – insbesondere wenn Kinder involviert sind - oder er gar krank wird. Gerade dann zeigt sich, wie wichtig es ist, sich von vornherein über Alles Gedanken zu machen. Und wenn man sich dann für einen Hund entscheidet, auch dazu zu stehen. Auch wenn man für den Hund einmal eigene Bedürfnisse hintenan stellen muss.

Aber: wer seinen Hund liebt, wird das gerne machen und reichlich dafür belohnt werden! Ich wünsche Ihnen, dass Sie aus diesem Buch viele gute Anregungen mitnehmen, die Sie eine Hunde-Adoption als fortwährendes Glück erleben lässt.

Kapitel 1

Kind und Hund - Freunde fürs Leben

Für Kinder die mit einem Hund aufwachsen, wird der Hund oft zum besten Freund. Er wird als vollwertiges Familienmitglied wahrgenommen - nur eben mit Fellnase. Stolz wird er den Schulkameraden gezeigt. Es werden einfache Signale wie »SITZ«, »PLATZ« und »BLEIB« vorgeführt und 'beeindruckende' Tricks wie »GIB PFOTE« gezeigt. Dabei können sich die schon etwas älteren Schulkinder ein bereits ganz beachtliches Wissen über den Hund aneignen. Doch bis sich das gewünschte harmonische Verhältnis mit dem Hund eingestellt hat, ist für die Eltern sehr viel Erziehungsarbeit und Wissensvermittlung und auch Organisation des Alltags notwendig. Dabei soll dieses Kapitel helfen - das gemeinsame Leben mit Kind und Hund für die Eltern zu erleichtern und vor allem auch durch klare Regeln sicherer zu machen.

Das Thema Kind und Hund wird in diesem Kapitel auf verschiedene Art und Weise beleuchtet. Das Thema Sicherheit und Training des Hundes stehen dabei im Vordergrund. Dabei ist es von grundlegender Bedeutung ob der Hund zu einem älteren Kind dazu kommt - oder aber ob der Hund schon lange vor dem Kind da war. Ohne entsprechende Vorbereitung und Training kann das in diesem Fall für den Hund viel Stress bedeuten. Insbesondere, dass der Hund plötzlich nicht mehr im Mittelpunkt steht und vieles nicht mehr darf was vorher normal war, bekommt er schnell mit. Der Hund sollte deshalb schon in der Vorbereitungsphase hin und wieder lernen, dass er nicht immer die Nummer Eins sein kann.

Ein Hund ist und bleibt ein Raubtier - das müssen sich Eltern bei aller Liebe zum Kind und zum Hund immer wieder bewusst machen. Mensch und Hund sind ... wie Affe und Wolf - sie kommunizieren prinzipiell ganz anders und das kann zu vielen Missverständnissen führen. Mit Themen wie Rangordnung im (Familien-)Rudel, die Verhaltenssignale des Hundes, Aggressions- und Jagdverhalten müssen sich die Eltern vertraut machen.

Familienplanung - erst der Hund, dann das Kind?
Oder besser umgekehrt?

Grundsätzlich kann man nicht sagen, man sollte zuerst den Hund und dann das Baby bekommen – oder umgekehrt. Jede Konstellation hat Vor- und Nachteile. Ist alles noch frei planbar, wäre es vermutlich am Besten, zuerst das Kind zu bekommen. Möglicherweise kommen dann in den nächsten Jahren ja noch weitere Kinder hinzu. Das jüngste Kind sollte dann – ehe man sich einen Hund anschafft – schon so alt und vernünftig sein, dass es im Umgang mit dem Hund die entsprechenden Anleitungen verstehen und umsetzen kann. Dies ist i.d.R. ab dem Vorschulalter gegeben. Die Eltern müssen sich aber immer darüber im Klaren sein, dass auch in diesem Alter Kind und Hund praktisch nie ohne Aufsicht eines Erwachsenen zusammen sein dürfen.

Hinzu kommt, dass die Verantwortung für den Hund – Füttern, Pflege und Gassi gehen – bei den Erwachsenen bleibt. Gerade bezüglich des Gassigehens ist zu berücksichtigen, dass der Hundehalter immer in der Verantwortung für seinen Hund ist. D. h. er muss eine Gefährdung durch seinen Hund für andere oder eine Gefährdung für seinen Hund z. B. durch den Straßenverkehr ausschließen und verantwortlich handeln können. Das können Kinder noch nicht.

In der Straßenverkehrsordnung ist vorgeschrieben, dass Kinder unter 14 Jahren i.d.R. ungeeignet sind, größere Hunde spazieren zu führen (das kann ich aus Erfahrung – auch für mittelgroße Hunde- nur unterstreichen). Jeder Hundeführer – egal ob Kind, Jugendlicher oder Erwachsener muss körperlich und geistig dazu in der Lage sein, den Hund sicher zu führen. Schon manch Erwachsener ist total überfordert, wenn sich zwei Hunde gegenseitig aggressiv angehen oder ihnen Menschen begegnen, die vor Hunden Angst haben. Wie soll ein Kind das schaffen? Und gerade bei größeren Hunden ist häufig das Kind rein körperlich noch gar nicht in der Lage diesen zu halten. Das heißt also, wie schon weiter oben beschrieben – Sie haben mit dem Hund 1 Kind mehr um das Sie sich kümmern müssen.

Bei einem älteren Kind ist die Gefahr zwar nicht mehr so groß, dass es den Hund an den Ohren und am Schwanz zieht oder gar der Hund das Kind ersticken könnte wenn er sich beim Schlafen dazu legt – aber es sind eben immer noch Kinder! Sie kennen ihre Kinder und können beurteilen, ob auch das Kind sich gegenüber dem geliebten Hund verantwortlich zeigen kann.

Ist der Hund schon im Haus, können Sie beurteilen, ob er mit einem Kind wohl mannierlich umgehen kann. Sie können ihn austesten, wie er mit anderen Kindern umgeht und ihm schon vor der Geburt über positive Verknüpfung mit 'Babygeruch' das kommende Kind vertraut machen, Sicherheits- und Ruhezonen für Kind und Hund einrichten.

Ist das Baby schon da und man möchte unbedingt gleich einen Hund dazu holen stellt sich die Frage, nimmt man einen Welpen, der von Anfang an lernt, mit dem Baby richtig umzugehen oder nehme ich einen Hund, der schon zwei, drei Jahre alt ist, dessen Charakter weitgehend gefestigt ist, der idealerweise sogar schon Kleinkinderfahrung hat und dabei einen sehr ruhigen und besonnenen Charakter aufzeigt.

Sollte – das gilt für beide Fälle – ein weiteres Kind hinzu kommen, gelten die selben Regeln, wie für das Kennenlernen des ersten Kindes. Hinzu kommt noch die Möglichkeit, dass der Hund das Revier, das er mit dem ersten Kind teilt, möglicherweise gegen ein weiteres – neues - Familienmitglied verteidigt. In allen Fällen wäre es ratsam sich Unterstützung durch einen Hundetrainer zu holen, der Ihnen tolle Tipps und Ratschläge zur bestmöglichen Umsetzung unter Berücksichtigung der aktuellen Wohnsituation gibt.

Sie sehen – jede Variante hat ihr Gutes und ihre Nachteile. Also, wägen Sie gut ab und machen Sie dann das beste daraus! Im folgenden finden Sie die möglichen Varianten noch einmal genauer beleuchtet.

Wer zuerst - das Kind oder der Hund - was ist die optimale Reihenfolge?

Vorneweg gesagt: in der Familienplanung lässt sich vieles nicht immer optimal gestalten, dennoch finden Sie hier eine Darstellung wie es am besten wäre.

Unter optimalen Umständen ist das jüngste Kind schon mindestens fünf Jahre alt, wenn der Hund in die Familie kommt. Damit ist das Jüngste schon etwas 'vernünftig' und aufnahmefähig in Bezug auf Hundethemen. Das Kind kann sich bereits vorstellen, was für den Hund unangenehm ist oder gar Schmerz bereitet. Doch es genügt nicht, dass das Kind den richtigen Umgang mit dem Hund begreift, es muss diesen auch konsequent umsetzen können. Das heißt, das Kind ärgert, reizt, erschreckt den Hund nicht, respektiert sein Ruhebedürfnis und seine Ruhezonen und lässt ihn dort vollkommen in Ruhe. Das Kind versteht, dass ein Hund kein Spielzeug oder Kuscheltier ist, dem man in die Augen fassen oder in die Ohren kneifen und am Schwanz ziehen darf.

Im Umkehrschluss: Familienplanung mit Kind und Hund - was wäre definitiv suboptimal?

Besonders viel bis extrem viel Stress kann es für Eltern bedeuten, wenn sowohl ein Baby als auch ein 'neuer' Hund, Welpe oder Junghund in die Familie kommen und mit einem Mal beide zu versorgen und zu erziehen sind. Handelt es sich dabei auch noch um das erste (!) Kind und zeitgleich auch noch den ersten (!) Hund, kann eine extreme Überlastungssituation entstehen.

Allein um den Hund stubenrein zu bekommen, müssen Sie beim Welpen oft alle zwei Stunden raus ehe ein Malheur passiert - auch nachts - und das lässt sich über Wochen und Monate hinweg mit der Babybetreuung kaum vereinbaren. In dieser Extremsituation werden Sie weder der Verantwortung gegenüber dem Kind noch dem Hund gerecht. Stellen Sie sich nur einmal vor, beide werden länger krank und müssen jetzt häufig und zeitgleich jeweils zum Tierarzt bzw. zum Kinderarzt. Wie wollen Sie das bewerkstelligen?

Deshalb der eindeutige und dringende Rat, wenn Sie ein Baby erwarten - verschieben Sie die Anschaffung ihres ersten Hundes lieber zunächst einmal um ein paar Jahre.

Kind und Hund – so werden sie Freunde fürs Leben

Gemeinsam mit einem Hund aufgewachsen zu sein, gehört später für viele zu den schönsten Erinnerungen aus der Kindheit überhaupt. Für ältere Kinder ist ein Hund ein toller Spielkamerad und im Gegensatz zu den Eltern hat er immer Zeit, will selbst immer mitspielen und überall mit dabei sein. Kinder lernen dazu noch ganz nebenbei sehr viel über ein anderes Lebewesen, seine Bedürfnisse und auch ein Stück weit - je nach Kindesalter - Fürsorge und Verantwortung zu übernehmen. Dennoch bedeutet dies für die Eltern zunächst einmal doppelte Arbeit, denn sowohl Hund und Kind müssen erzogen werden. Dabei muss vieles bedacht und organisiert werden, denn gerade Kleinkinder und Hunde 'konkurrieren' oft um dieselben Ressourcen, wie die Aufmerksamkeit der Eltern bzw. Rudelführer, sie beanspruchen dasselbe 'Revier' zum Beispiel das Wohnzimmer oder eine Ecke am Sofa oder wollen genau dasselbe Spielzeug, vielleicht einen Ball; da ist neben Erziehung vor allem die Aufstellung klarer Regeln gefragt, die von allen - auch den Eltern (!) - konsequent eingehalten werden müssen.

TIPP: Wenn der Hund bereits vor dem Kind da ist, muss er vor der Geburt des Kindes selbst zum Gesundheits-Check!

Gesetzt den Fall, dass der Hund schon länger in der Familie ist und ein Baby dazu kommt, muss er gut auf die neue Situation vorbereitet werden werden. Auch gesundheitlich. Vor der Geburt des Kindes sollte auch der Hund selbst noch einmal zum Gesundheits-Check:

- sind alle Impfungen auf dem neuesten Stand

- sind die Zeckenmittel aufgefrischt

- ist der Hund entwurmt

Auch wenn das Kind da ist, muss das Thema 'Mein gesunder Hund' mit regelmäßigen Entwurmungen, dem routinemäßigen Absuchen auf Zecken und künftig regelmäßigen Gesundheit-Checks beim Tierarzt besonders beachtet werden. Alle zweibeinigen Familienmitglieder sollten künftig gegen Tetanus geimpft sein - sprechen Sie dazu am besten ihren Hausarzt an.

Ich hab' Dich zum Knuddeln lieb ... © Fotolia - HQUALITY

Kapitel 2

Sicherheit organisieren - von Anfang an

Tabuzonen

Um so kleiner die Kinder sind, um so mehr muss das Thema Sicherheit von Anfang an mit viel Sorgfalt bedacht werden. Für den Hund müssen Tabuzonen festlegt und am besten sofort eingehalten werden, z.B. darf er nicht mehr in das künftige Kinderzimmer, Wickelraum, Küche, aufs Sofa, etc.

Hund und Kind dürfen Sie niemals unbeaufsichtigt zusammen lassen - auch nicht für wenige Sekunden! Um Sicherheit zu organisieren, können u.a. hilfreich sein:

- ○ Kindergitter zum Absperren von Teilen des Wohnbereiches
- ○ eine Hundebox, wenn die Eltern auch nur kurzfristig (!) abgelenkt sind (es klingelt an der Tür, Telefon, Wäsche aufhängen etc.)
- ○ eine Hausleine
- ○ ein Maulkorb (im Notfall)

Planen Sie schon jetzt eine Lösung für kritische Situationen, wenn es an der Tür klingelt oder Sie kurz unter die Dusche wollen, etc. - was machen Sie dann und sofort (!) mit dem Hund? Man muss sich immer bewusst sein: Hunde sind Raubtiere - und bei aller Liebe, es geht eine Gefahr von ihnen aus.

Insbesondere wenn Sie den Eindruck haben, dass sich beim Hund Anzeichen von Aggression gegenüber dem Kind oder Hinweise auf ein Jagd- bzw. gar Beutefangverhalten zeigen: trennen Sie beide sofort und dauerhaft; Hund und Kind dürfen sich dann ab sofort nicht mehr gemeinsam in einem Raum, Hof, Garten, etc. aufhalten. Schalten Sie im Zweifelsfall immer einen auf Verhaltensprobleme spezialisierten Tierarzt, Tierpsychologen oder Hundetrainer ein!

Eltern müssen sich ihrer Aufsichtspflicht jederzeit bewusst sein und entsprechend vorausschauend handeln!

Körpersprache und Signale des Hundes verstehen

Hunde senden eine Vielzahl von Signalen aus, die Hundebesitzer kennen und beachten müssen. Eltern ganz besonders. Da sind zum Beispiel die Beschwichtigungssignale, mit denen der Hund ganz klar ausdrückt, dass er sich in dieser Situation nicht wohl fühlt. Vielleicht, weil ihn das Kind gerade viel zu sehr knuddelt und gar nicht mehr aufhören möchte. Manche Hunde mögen das überhaupt nicht. Für den Hund kann das dann purer Stress sein. Ein häufiges Signal das Hundehalter in solch einer Situation nicht übersehen dürfen, ist ein Lecken mit der Zunge über Lefzen und Schnauze. Auch ist dann oft ein einfaches Abwenden des Kopfes des Hundes zu beobachten. Schon in diesem Moment sollte er in Ruhe gelassen werden, das Kind vielleicht mit etwas anderem abgelenkt werden. Wenn sich der Hund auch noch in seinen 'Privatbereich' zurückzieht braucht er wirklich seine Ruhe. Eltern müssen das erkennen, denn wenn der Hund sich zu sehr in die Enge getrieben fühlt, kann aus Dauerstress im negativsten Fall auch beim liebsten Hund einmal ein Zwicken oder Zuschnappen folgen, wenn das Kind ihn zu sehr bedrängt oder gar reizt, ihn am Schwanz zieht oder mit dem Finger immer wieder in den Ohren bohrt oder in die Augen fasst, o.ä. Oft folgt dann, ehe sich der Hund ernsthaft wehrt, ein warnendes Knurren das als Vorwarnung "Jetzt hör aber endlich auf! Mir reicht's!" zu verstehen ist. Diese Art der Warnung ist sehr nützlich, deshalb darf Knurren niemals bestraft werden. Der Hund kommuniziert so. Das muss auch das Kind lernen: Wenn der Hund knurrt ist sofort Schluss mit lustig. Wenn der Hund bereits die Zähne zeigt oder in die Luft schnappt sind das schon sehr ernste Warnungen. Weitere Signale wie ein starr fixierender Blick des Hundes auf das Kind können Vorboten echter Aggression sein. Hund und Kind müssen dann sofort getrennt werden. Eltern sollten deshalb ihren Hund vorausschauend 'Lesen' können und sich intensiv mit seinen Signalen befassen und im Zweifelsfall immer (!) professionelle Hilfe einholen.

TIPP: *Hundesprache lernen – machen Sie*
ein Spiel mit dem Kind daraus

Das Verhalten des Hundes, seine Körpersprache und Signale richtig
einschätzen zu lernen, ist eine tolle Erfahrung - für Erwachsene und ältere
Kinder. Das erfordert eine geübte Beobachtungsgabe. Machen Sie doch ein
Spiel daraus. Beim Gassigehen, zuhause - auch bei anderen Hunden. Immer
wenn Sie ein interessantes Verhalten beim Hund entdecken, wenn er sich
abwendet, sich über die Schnauze leckt, die Ohren stellt, die Rute zwischen
Hinterbeinen einklemmt, etc. - fragen Sie die Runde einschließlich Kinder,
was der Hund jetzt sagen will? Das erweitert nicht nur das Wissen des Kindes
ganz allgemein, das fördert auch sein Einfühlungsvermögen in ein anderes
Wesen und seine Sozialkompetenz. Am Besten beginnen Sie mit Bildern,
suchen sich danach Videos und beobachten den Hund im echten Leben.

Beißhemmung trainieren – für den Fall, dass ein Welpe in die Familie kommt

Die Beißhemmung ist eine Erziehungsaufgabe. Ein Welpe weiß ja gar nicht, wie
nadelspitz seine Zähne sind. Während seine Wurfgeschwister noch so manches
Zwicken mit den Zähnen verkraftet haben, ist es bei uns Menschen und vor allem bei
Kindern ganz anders. Auch wenn der Hund nicht wirklich verletzen will, ein
Schnappen nach dem Ball beim Spielen kann auch einmal an der Hand enden. Dabei
ist es wichtig, dem Hund deutlich und laut mit »AUA« zu zeigen, dass das weh tut. Es
darf auch gern ein etwas jammerndes »AUAUAUAUA« sein. Es geht ja um Erziehung.
Hunde lernen tatsächlich mit der Zeit, sich mit den Zähnen beim Menschen zurück
zuhalten. Die Eltern müssen auch das Kind immer wieder darauf hinweisen, dass es
dann in Richtung des Hundes richtig laut und gerne auch vorwurfsvoll »AUA« ruft.
Ideal wäre ein laut quietschendes »IEH« – das dem Quietschen der Wurfgeschwister
ähnelt, denn dessen Bedeutung kennt er ja.

Falls gerade gespielt wurde, ist das Spiel sofort zu unterbrechen. Wenn sich der Hund beruhigt hat, kann das Spiel fortgesetzt werden, muss aber sofort wieder unterbrochen werden, wenn es wieder in ein Zwicken übergeht. Der Hund lernt mit der Zeit, wenn ich auf meine Zähne nicht aufpasse, kann der Spaß schnell vorbei sein.

Wenn es beim Streicheln passiert, sofort damit aufhören und weggehen.

TIPP: Kein quietschendes Spielzeug für Hunde!

Verzichten Sie grundsätzlich von Anfang an auf quietschendes Spielzeug für den Hund. Der Hund könnte Zubeißen und schrilles Quietschen positiv mit Spaß verknüpfen. Und genau das wollen wir ja nicht. Für Eltern ist dieses »AUA« des Kindes übrigens auch ein klares Signal, sofort nach Kind und Hund zu sehen. Wobei - wie schon mehrfach erwähnt - jüngere Kinder sowieso niemals allein mit dem Hund zusammen sein dürfen.

Vorbereitungstraining für den Hund, wenn ein Baby in die Familie kommt

Ohne Vorbereitung und Training kann die plötzliche Umstellung in 'seinem' Rudel für den Hund Stress bedeuten.

Wenn absehbar ist, was der Hund in Zukunft alles nicht mehr darf - zum Beispiel aufs Sofa liegen, nicht ins spätere Kinderzimmer gehen, usw. - sollte man das schon lange bevor das Baby kommt einführen und konsequent durchsetzen. Der Hund verknüpft dann die für ihn negativen Veränderungen und Verbote nicht mit dem neuen Familienmitglied.

Hinzu kommt: neue Gerüche, neue Geräusche können den Hund irritieren. Wenn die künftige Mutter bisher die Hauptbezugsperson des Hundes war, sollte der Partner nach und nach alle diese Funktionen wie Gassigehen, Futterzubereitung, Füttern, Bürsten, Schmusen, Tierarztgänge, etc. übernehmen.

Eine gute Grundlage für ein stressfreies Miteinander ist, wenn der Hund bereits den Grundgehorsam gut beherrscht. Die Begleithundeprüfung, wie sie in vielen örtlichen Hundevereinen angeboten wird, kann nützlich sein; alternativ der Hundeführerschein in einer BHV Hundeschule oder ähnliches. Wenn der Hund draußen wie auch in der Wohnung in jeder Situation abrufbar ist, ist das ein großer Vorteil wenn das Kind da ist.

Die Signale die ein Hund beherrschen sollte sind mindestens: »SITZ«, »FUSS«, »BLEIB«, »HIER« und »AUF DEINEN PLATZ«

Idealerweise wurden die Signale mit ihm schon lange ehe der Familiennachwuchs kommt gut eingeübt und immer positiv verknüpft. Insbesondere das sehr nützliche »AUF DEINEN PLATZ« darf nicht als Strafe empfunden werden - vielleicht wartet ja bei einer Trainingseinheit »AUF DEINEN PLATZ« bereits ein Superleckerli in seinem Körbchen.

Wenn das Signal »AUF DEINEN PLATZ« in eine verschließbare Hundebox führt und positiv verknüpft wird, weil zum Beispiel in der Box bereits ein vorab verstecktes Superleckerli (z.B. ein Stückchen Saitenwurst) auf ihn wartet, wird er bald auf das Kommando hin begeistert in seine Box rennen; in einer späteren Phase des Trainings wird auch noch die Tür für kurze Zeit (ein paar Sekunden) zu gemacht und sukzessive nach und nach etwas länger zu gelassen. Der Hund sollte sich von sich aus entspannt hinlegen – dann hat er die Box gut angenommen.

Geruchstraining als Vorbereitung

Man kann schon einmal Babyutensilien, (Puder, Öl, etc.) beschaffen, damit sich der Hund an die neuen Gerüche gewöhnt. Manchmal wird empfohlen, den Hund an einer gebrauchten Windel schnuppern zu lassen - der Nutzen ist zwar sehr umstritten, hat sich aber durchaus auch schon als sehr sinnvoll erwiesen. Möglicherweise lässt es sich einrichten, Freunde, die bereits ein Baby haben, einfach mal kurz zu besuchen.

Geräuschtraining als Vorbereitung

Es gibt zum Training von Hunden im Handel CD's mit allerlei Geräuschen, auch Babygeräuschen. Auch auf YouTube finden sich direkt abrufbar eine Vielzahl von Baby-Aufnahmen mit Schluckauf, niesend, schreiend, etc. Auch diese sind als allererste Trainingseinheit einsetzbar.

Weitere Hinweise

Bitte beachten Sie: je alltäglicher und stressfreier die Situation beim Training für den Hund ist, desto besser. Die unvermeidbaren Änderungen im Leben des Hundes sollte er wenn immer möglich positiv verknüpfen. Wenn er vielleicht einmal durch eine Unachtsamkeit der Eltern in die Tabuzone Kinderzimmer gelangt, nicht bestrafen und schimpfen, sondern heraus rufen und dann das 'draußen sein' belohnen.

Der Hund darf aber auch auf keinen Fall - trotz der veränderten Situation – plötzlich ausgegrenzt werden, er gehört selbstverständlich immer noch dazu, nur hat sich sein 'Rudel' vergrößert und manche neue Regeln sind einzuhalten.

TIPP: Im Zweifelsfall einen Hundeprofi einschalten!

Wenn sich Probleme abzeichnen sollten, ist es ratsam möglichst frühzeitig einen Hundetrainer oder spezialisierten Tierarzt einzuschalten, der Sie in dieser Situation unterstützen kann.

Professionelle Hilfe: Wer hilft uns – wenn wir nicht mehr weiter wissen

Im Zweifelsfall sollten Sie sich bei Problemen mit dem Hund frühzeitig professionelle Hilfe und Rat einholen. Der Tierarzt Ihres Vertrauens ist sicher ein guter erster Ansprechpartner. Bei schwierigen Problemen kann ein spezialisierter Tierarzt für Verhaltensprobleme helfen. Wenn es sich um einfachere, (weg-)trainierbare Verhaltensprobleme handelt, kann zunächst auch eine Hundeschule die richtige Anlaufstelle sein. Manche Hundetrainer kommen sogar zu Ihnen nach Hause und schauen sich die Umstände des Problems ganz genau vor Ort an, zeigen Ihnen erste Management-Maßnahmen und geben Ihnen konkrete Trainingsratschläge.

Kapitel 3

Die Altersstufen des Kindes
im Zusammenleben mit dem Hund

Gemeinsam die Welt entdecken   © Fotolia - ivanko80

Neugeborenes und Säuglingsalter

Wenn das Baby zuhause eintrifft, sollte dies ohne jede Aufregung für den Hund von statten gehen. Dem Hund muss das Baby nicht gezeigt werden, er merkt schnell, dass es da ist und sich jetzt vieles ändert. Wichtig ist, dass Frauchen und Herrchen in der neuen Situation Ruhe und Souveränität ausstrahlen. Dann merkt der Hund: es ist alles ganz normal und richtig so.

In dieser Altersstufe des Kindes darf sich der Hund niemals allein in der Nähe des Kindes aufhalten. Nicht einmal wenn es an der Wohnungstür klingelt und nur der Paketbote kurz etwas abgeben will. Diese Sicherheit lässt sich jedoch gut organisieren. Die No-Go-Areas für den Hund, also Tabu-Zonen wie das Kinderzimmer, müssen konsequent eingehalten werden. Idealerweise ist der Zugang zum Babybereich/Kinderzimmer zusätzlich durch ein Kindergitter mit Tür abgesperrt. So kann die Kinderzimmertür auch einmal kurz offen bleiben, der Hund kommt aber trotzdem nicht hinein.

Das Vorbereitungstraining des Hundes sollte wie bereits beschrieben möglichst frühzeitig begonnen werden. Bestimmte Grundkommandos wie »BLEIB«, »HIER« und »AUF DEINEN PLATZ« sind jetzt besonders nützlich und sollten immer wieder geübt werden.

Das Kind im Krabbelalter

Auch und erst recht im Krabbelalter des Kindes gilt: der Hund darf niemals allein in der Nähe des Kindes sein und muss immer beaufsichtigt werden. Wenn das Kind nun mobil wird, kann dies den Hund verunsichern, wenn es auf einmal auf ihn zukommt. Wenn dann das Kind auch noch zu laufen beginnt und sich ungelenk zappelnd und vielleicht quietschend und laut schreiend bewegt, kann das tatsächlich - in seltenen Fällen - unerwünschte Reaktionen beim Hund auslösen. Auch darf das krabbelnde Kind niemals den ruhenden Hund stören. Selbst wenn es voller Ungeschick auf den dösenden Hund stolpern sollte, ihm auf die Pfoten tritt oder gar auf ihn fällt müssen die Eltern diese wirklich gefährlichen Situationen vorausschauend erahnen und sofort unterbinden. Die Futterstelle des Hundes, der Wassernapf und sein 'privater' Rückzugsort an dem er döst (Körbchen, Box oder ein bestimmter Platz mit Decke) sind für das Kind natürlich Tabuzonen. Bedenken Sie, dass sich ein krabbelndes Kind und ein Hund - auch schon bei den kleinen Rassen - praktisch auf Augenhöhe begegnen. Selbst ein leichter Abwehrbiss des Hundes kann ihr Kind im Gesicht schwer verletzen. Es ist also in dieser Phase eine ganz besonders vorausschauende Aufmerksamkeit der Eltern notwendig.

Das Kind im Kindergarten- und Vorschulalter

Auch hier muss der Hund immer beaufsichtigt werden und darf niemals allein in der Nähe des Kindes sein. Ab etwa vier Jahren sind Kinder in der Lage zum richtigen Umgang mit dem Hund erzogen zu werden. Das Kind muss nun die Tabuzonen des Hundes, seinen Korb, seine Futterstelle sowie seinen Lieblingsruheplatz absolut respektieren und ihn dort in Ruhe lassen. Mit dem Älter werden kann es nach und nach zum richtigen Verhalten gegenüber dem Hund angehalten werden. Dazu gehört nicht vor dem Hund wegzulaufen, denn das kann bei ihm ein Jagdverhalten auslösen. Wenn der Hund streicheln oder knuddeln nicht (mehr) mag, muss das Kind dies erkennen können und unterlassen.

Eltern sollten auf die entsprechenden Beschwichtigungssignale des Hundes achten und auch das Kind darauf hinweisen.

TIPP: GRUNDSÄTZLICH GILT: KNURREN IST EIN GUTES ZEICHEN - DENN DER HUND HAT GEWARNT!

Wenn Ihr Hund knurrt - seien Sie froh! Denn das ist ein Zeichen gelungener Sozialisation. Der Hund warnt sozusagen vor und sagt damit: "STOP! Jetzt ist es mir wirklich zu viel." Deshalb darf man nie mit dem Hund schimpfen, wenn er so kommuniziert.

Dem Kind ist beizubringen, dass es auf das Knurren als Signal selbst achtet. Es muss dann sofort mit allem aufhören, was es gerade mit dem Hund macht und am besten sofort die Eltern auf das Knurren - also die Warnung des Hundes – hinweisen. Häufig wird knurren überhört, weil viele Hunde relativ leise knurren. Hier gilt es das Ohr zu schulen.

So ist es richtig – immer mit einem Erwachsenen! © *Fotolia - satura_*

Hauen oder Zwicken oder sonstige Aggressionen des Kindes gegen den Hund (am Schwanz ziehen, in die Ohren kneifen, etc.) müssen von den Eltern sofort unterbunden werden. Die Eltern sollten nun je nach Entwicklungsgrad des Kindes erstes Wissen und Verständnis über Hunde generell vermitteln: was ist ein Hund überhaupt, warum er eine so große Nase hat und so große Zähne, etc., welche Signale er aussendet und welche Bedürfnisse er hat.

TIPP: ***Dem Kind so früh wie möglich klar machen:***
nicht jeder Hund ist so wie der Eigene!

Als Hundebesitzer erlebt man es immer wieder: fremde Kinder kommen unterwegs auf den eigenen Hund zu gestürmt - "Wir haben auch einen Hund! Darf man den streicheln?" und dabei sind sie dem Hund schon viel zu nahe gekommen. Eltern müssen ihren Kindern unbedingt so früh wie möglich klar machen, dass ein fremder Hund ganz anders sein kann, als der eigene. Wenn die eigene Fellnase schmusen und knuddeln liebt, kann ein anderer Hund - selbst wenn er exakt gleich wie der eigene aussieht, das Geknuddelt werden möglicherweise gar nicht leiden. Deshalb Abstand halten zu fremden Hunden. Da gelten dann ganz andere Regeln: Nicht auf den Hund zu stürmen. Nicht vor dem Hund weg laufen. Nicht dem Hund in die Augen starren. Nicht über den fremden Hund beugen und schon gar nicht den fremden Hund knuddeln und streicheln - es sei denn der Besitzer ist dabei und stimmt ausdrücklich zu.

Das Kind im Grundschulalter

Auch hier gilt noch: Hund und Kind müssen beaufsichtigt werden. Erst wenn das Kind etwa acht bis zehn Jahre alt ist und sich die Eltern sicher sind, dass die beiden miteinander klar kommen, kann diese Regel nach und etwas gelockert werden. Das Kind muss dann aber darauf aufmerksam gemacht werden, dass es sofort die Eltern dazu ruft, wenn sich etwas außergewöhnliches oder gar beängstigendes ereignet.

Ich würde mit Dir teilen ...   © Fotolia - tunedin

Wenn der Hund den Grundgehorsam sehr gut beherrscht, kann das Kind in
Anwesenheit der Eltern und mit ihrer Unterstützung auch schon einmal die ersten
Signale wie »SITZ« und Tricks wie »GIB PFOTE« üben, dabei nicht vergessen den
Hund durch das Kind überschwänglich zu loben und belohnen zu lassen, damit er
dieses Training mit dem Kind als positiv verknüpft. Die Eltern können dabei
beobachten, ob der Hund seinen 'niedrigeren' Rang im Familienrudel unterhalb des
Kindes akzeptiert.

Ab welchem Alter darf das Kind beim Gassigehen den Hund alleine halten? Allein darf das Kind auf keinen Fall mit dem Hund auf die Gassitour. Die Eltern haben eindeutig über beide die Aufsichtspflicht. Und die Leine halten, wenn die Eltern mit dabei sind? Die Antwort hängt von vielem ab. Eltern sollten sich fragen: Was passiert wenn plötzlich eine Katze auftaucht? Zieht der Hund dann das Kind an der Leine über die Straße? In ein Auto? Oder was passiert wenn ein anderer, vielleicht aggressiver Hund den eigenen Hund angeht? Kann das Kind den eigenen Hund dann noch kontrollieren? Es geht dabei um Sekunden. Egal wie man sich entscheidet, es bleibt immer die volle Verantwortung bei den Eltern.

Tipp: ideal ist hier das umzäunte Gelände eines Hundevereins, in dem das Kind mit dem Hund üben kann; manche bieten auch spezielle Kurse für Kinder an.

HINWEIS: DEM KIND KLAR MACHEN: WENN ZWEI HUNDE MITEINANDER KÄMPFEN MUSS ES SICH ABSOLUT FERN HALTEN

Machen Sie ihrem Kind so früh wie möglich klar, wenn es zum Beispiel beim Gassigehen mit dabei ist, dass es niemals in einen Hundekampf eingreifen darf. Das Kind kann dem eigenen Hund dabei nicht helfen.

Auf der Gassitour unterwegs ist vieles nicht planbar. Hundebesitzer kennen das - viele haben es schon erlebt: plötzlich kommt uns unterwegs ein frei laufender Hund entgegen. Im besten Fall friedlich. Schon ist er bei unserem Hund. Doch auch unter Hunden gibt es Missverständnisse (vor Allem in der Körpersprache durch zu kurz gezüchtet Nasen, hochstehende Ruten oder durch langes Haar verdeckte Augen) und im schlimmsten Fall entwickelt sich daraus ein heftiger Hundekampf. Für ein kleineres Kind das hier dazwischen gerät, kann es ernsthaft lebensgefährlich werden! Eltern müssen ihren Kindern immer wieder klar machen, dass es sich von kämpfenden Hunden immer (!) fern zu halten hat. Niemals dürfen Kinder zwischen kämpfende Hunde gehen!

Jugendliche und Hund

Die Frage die sich wohl jeder Jugendliche irgendwann im Hundehaushalt stellt ist, ab welchem Alter darf ich allein mit dem Hund Gassi gehen? Eine wesentliche Frage dabei ist, ob das Kind die entsprechende Reife besitzt, um verantwortlich den Hund zu kontrollieren. Das hängt immer sehr vom Einzelfall ab. Eine Vierzehn-jährige mit 40 Kilo Körpergewicht sollte sicher nicht mit einem Rottweilerrüden von 50 Kilo auf die Straße gehen, während ein gut erzogener Malteser schon eher von ihr ausgeführt werden könnte. Wie so oft tragen hier letztendlich die Eltern die Verantwortung solange man ihnen eine Verletzung der Aufsichtspflicht vorwerfen könnte.

Eine entsprechende Haftpflichtversicherung für die Familie allgemein und dazu noch eine Hundehaftpflicht speziell für den Vierbeiner ist dringend zu empfehlen. Denken Sie nur einmal daran, wenn sich der Hund los reißt und auf eine viel befahrene Straße läuft, ein Unfall passiert, ein Radfahrer schwer stürzt, etc. Hundehalter sind für alles was ihr Hund tut verantwortlich und haften dafür.

Im Jugendalter ab etwa 14 Jahren bieten sich jedoch auch eine Vielzahl von Möglichkeiten an, die Jugendlichen in Hundesportvereinen geboten werden und auf dem Hundeplatz mit einem eingezäunten Gelände unter Aufsicht und Anleitung von Hundetrainern wahrnehmen können. Am besten ist es einfach einmal per Internet mit einem Verein Kontakt aufzunehmen und nachzufragen. Es sind hier wirklich viele tolle Aktivitäten mit dem Hund möglich, wie Dogdancing, Flyball, Fährtenarbeit, Hundefrisbee, Mantrailing, Longieren mit Hund, Obedience, etc. Eine anspruchsvolle Aufgabe für Jugendliche mit Hund ist die Begleithundeprüfung. Über die jeweiligen Modalitäten informieren die Vereine bzw. Hundeschulen. Alternativ wäre auch der Hundeführerschein der bei verschiedenen Hundeschulen angeboten wird.

Dazu gehört dann auch schon ein Sachkundenachweis, der durch Bestehen einer theoretischen Prüfung des Hundeführers nachgewiesen werden muss; eine Herausforderung für Jung und manchmal erst recht für Alt, denn vieles von unserem althergebrachten Hundewissen ist in der Zwischenzeit total überholt - die Jugend kann sich da also tatsächlich beweisen.

In der Pubertät und später

Mit der Pubertät und später entwickeln sich bei den 'Kindern' oft ganz neue Interessen. Während bisher die Versorgung des Hundes, die Futterzubereitung, das Gassigehen, der Tierarzt, etc. für Jugendliche selbstverständlich war, kann sich nun einiges ändern. Der erste Freund, die erste Freundin, Parties, Urlaub, Reisen usw. können plötzlich wichtiger werden, als der Hund. Häufig wird auch eine Ausbildung oder ein Studium in einer anderen Stadt begonnen. Für die Eltern bedeutet dies, dass sie möglicherweise den Hund wieder komplett selbst versorgen müssen. Das ist für die meisten Familien kein Problem, dennoch sollte man diese Phase in der Lebensplanung bedenken.

Ein Freund dem ich alles erzählen kann ... © Fotolia - Sophia

Kapitel 4
Die Auswahl des geeigneten Hundes

© Fotolia - DoraZett

Der kinderfreundliche Familienhund

Diese Frage stellen sich fast alle Eltern: was sind kinderfreundliche Hunderassen oder welche Rassen sind für eine Familie mit Kindern besonders geeignet? Grundsätzlich gilt hier: es kommt vor allem auf den Charakter des einzelnen Hundes und seine Erziehung an - weniger auf seine Rasse. Auch bei den kinderfreundlichen Hunderassen kann einmal ein einzelner vierbeiniger Zeitgenosse mit dabei sein, der sich mit Kindern nicht so gut versteht.

Vom Charakter her soll der Hund idealerweise sanft, gutmütig, geduldig, ruhig und gelassen sein. Bestimmte Hunderassen wie ausgeprägte Jagdhunderassen und schwere Herdenschutzhunde (wie zum Beispiel der Kangal) sind tendenziell für Kleinkinder eher ungeeignet, aber auch hier gibt es immer Ausnahmen. Hütehunde gelten eher von Natur aus als Familienhunde und kinderfreundlich wobei hier das typische 'in die Wade zwicken' auch durchaus zum Problem werden kann.

TIPP: Hunderassen, die als kinderfreundlich bekannt sind:

Hier sind einige Hunderassen aufgeführt, die tendenziell für ein
Kinderumfeld geeignet sind und als kinderfreundliche Hunderassen gelten:

- Beagle
- Berner Sennenhund
- Bernhardiner
- Bobtail
- Cocker Spaniel
- Collie
- ELO
- Französische Bulldogge
- Golden Retriever
- Jack Russell
- Kromfohrländer
- Labrador Retriever
- Malteser
- Mops

Wenn Sie einen Welpen direkt vom Züchter bekommen, fragen Sie ihn ob der Hund bereits an Kinder gewöhnt ist. Wenn ein Hund bereits in seiner Prägephase im Kontakt zu (Klein-)Kindern aufgewachsen ist, wäre das tatsächlich bei der Auswahl des Züchters ein positives Kriterium.

Wenn Sie einen bereits erwachsenen Hund bei sich aufnehmen - das wird dann häufig ein Hund aus dem Tierschutz sein - fragen Sie unbedingt nach der Einschätzung der Tierheimmitarbeiter oder Vorbesitzer, ob der Hund kindergeeignet ist. Wenn es da Bedenken gibt, sollten Sie ihr Vorhaben mit diesem Hund besser aufgeben, insbesondere wenn der Hund möglicherweise schon schlechte Erfahrungen mit Kindern gemacht hat.

Grundsätzliches zur Hunderasse

Die richtige Auswahl eines geeigneten Hundes bzw. seiner Hunderasse ist eine Grundlage für ein glückliches Zusammenleben. Dabei gilt das bereits im Hinblick auf die Familienfreundlichkeit Gesagte. Darüber hinaus gibt es aber auch noch andere Gesichtspunkte, die hier behandelt werden. Hunde können verschiedene 'Berufe' haben, zu denen sie dann oft über viele Generationen hinweg gezüchtet wurden. Dazu gehören die Jagdhundrassen, Wachhunde und Hütehunde. Wenn man sich für eine dieser Hunderassen entscheidet, muss man genau wissen welche Bedürfnisse solch ein Hund hat.

Ein tolles Team... © Fotolia - Soloviova Liudmyla

Es gibt mehrere hundert Hunderassen. Ehe Sie sich für eine der vielen Rassen entscheiden, sollten Sie sich über Ihre eigenen Bedürfnisse und die des gewünschten Hundes im Klaren sein. Fragen Sie sich: welche Anforderungen an den Hund habe ich? Bin ich sportlich, gehe ich lieber gemütlich spazieren, liebe ich es, mich in Hundegruppen zu integrieren, bin ich eher gemütlich oder ständig auf Achse. Wie wohne ich? Im Mehrfamilienhaus im obersten Stockwerk, im Eigenheim mit großem Garten?

Warum das wichtig ist? Nun – stellen Sie sich vor, Sie hätten eine kleine 1-Zimmer-Wohnung in der fünften Etage eines Mehrfamilienhauses ohne Aufzug und wünschen sich einen Neufundländer. Das sind wunderschöne, beeindruckende und tolle Hunde. Aber: wo bleibt in einer kleinen Wohnung dann noch Platz für Sie? Und was tun Sie, wenn der Hund wegen einer Erkrankung die Treppen nicht mehr gehen kann (wobei fünf Etagen für einen gesunden großen schweren Hund schon eine Zumutung wären). Und – sind Vermieter und Mitbewohner überhaupt mit dem Hund einverstanden? Sie hätten nun drei Möglichkeiten: allem zum Trotz den Neufundländer in der fünften Etage zu halten (das wird aber vermutlich kein seriöser Züchter mitmachen), Sie könnten umziehen oder sich für einen kleineren Hund entscheiden. Ein kleinerer Hund wäre hier sicher am sinnvollsten.

Jede Rasse wurde eigens für ihre ganz spezielle Aufgabe gezüchtet. Die Einen zum Jagen, Apportieren, Aufspüren, die Anderen zum Bewachen und Behüten usw. Setzen Sie sich mit möglichst vielen Rassen auseinander, auch wenn Sie sie ursprünglich nicht auf dem Radar hatten, wägen sie ab, was der Hund braucht, was Sie selbst möchten und was Sie bieten können und – das sollte man nicht verschweigen – kann ich mir die Folgekosten (Erziehung – evtl. Hundeschule oder privater Trainer, Tierarzt, Medikamente, Operationen usw.) leisten.

Nützliche Informationen zu Ihrem 'Lieblingshund' finden Sie natürlich in Büchern - wie diesem hier - aber darüber hinaus auch z. B. wenn Sie:

- einfach Hundehalter auf der Straße ansprechen

- Hundevorträge besuchen

- Hundesendungen im TV ansehen

- Züchter besuchen. Diese finden Sie über das Internet, den Hundezüchterverband VdH oder in dem Sie andere Hundehalter von Rassehunden ansprechen. Fragen Sie den Züchter zu allem was Ihnen wichtig ist. Und geben Sie auch dem Züchter ehrliche Antworten auf seine Fragen!

- lesen Sie in Rasseforen im Internet

- Gehen Sie in Tierheime – dort gibt es neben Mischlingshunden oft auch Rassehunde, wenn Sie einen bevorzugen. Man kennt dort die Hunde und weiß wie sie 'ticken'. Es muss ja auch nicht immer unbedingt ein Welpe sein. Bei einem erwachsenen Hund haben Sie möglicherweise viel Erziehungsarbeit nicht mehr zu leisten.

Nachfolgend finden Sie verschiedene Auflistungen, die Ihnen ermöglichen nach Ihrem persönlichen Suchmodus am ehesten den geeigneten Hund zu finden. Als zukünftiger Halter eines Familienhundes haben Sie bestimmt andere Kriterien nach denen Sie suchen als jemand der den Hund als Arbeitshund verwenden möchte.

Entscheidung nach Rassemerkmalen, äußerem Erscheinungsbild – oder Mischling?

Diese Auswahl ist nicht zu unterschätzen. Denn auch bei der Auswahl des Hunde-Typs sollte man sich in der Familie einig sein. Denken Sie immer daran: der Hund wird ein Mitglied der Familie und sollte als solches auch unbedingt von allen anerkannt und akzeptiert werden. Jeder sollte Verantwortung übernehmen können und wollen, wie für ein weiteres Kind oder Geschwisterchen. Selbstverständlich wird am Ende ein Kompromiss stehen müssen.

Sortieren Sie also am Besten nach:

Wie soll er aussehen:

- Klein oder groß, kurzschnäuzig, hochbeinig, langhaarig,

  rauhaarig, edel oder eher drollig etc...

Welche Funktion soll der Hund erfüllen:

- Familienhund (als drittes ... Kind)
- Gesellschafts- und Begleithund
- Jagdhund
- Wachhund
- Hütehund

Soll es ein Rassehund sein (Rasseeinteilungen siehe Anhang) oder einfach nur ein Mischling – aus dem Tierheim oder vom Tierschutz, oder evtl. vom Nachbarn ein Welpe von privat?

Lassen Sie jedes Familienmitglied eine kleine Liste erstellen, damit unvoreingenommen die unterschiedlichen Wünsche verglichen und Gemeinsamkeiten gefunden werden können. Dann haben Sie schon einen ersten großen Meilenstein für einen gemeinsamen Weg zum idealen Familienhund für alle gelegt.

Wie entscheide ich mich für den richtigen Welpen

Sie haben sich für eine bestimmte Hunderasse entschieden, verschiedene Züchter aufgesucht und nun soll es in die Tat umgesetzt werden... Einer der Züchter war Ihnen besonders sympathisch – für ihn haben Sie sich entschieden. Die Welpen sind auf der Welt und können nun besucht werden. Dies wird sicher einer der aufregendsten Tage Ihres Lebens werden. Sie lernen Ihren künftigen Hund kennen. Das Herz schlägt schneller, die Erwartung ist riesengroß und gleichzeitig hat man vielleicht auch ein etwas mulmiges Gefühl, was da nun auf einen zu kommt.

Der Züchter wird Ihnen die Welpen vorstellen. Wenn Sie eine günstige Zeit erwischen und sie nicht gerade schlafen (Welpen schlafen noch sehr viel) können Sie sie beobachten wie sie sich bewegen, spielen und sie auch schon mal auf den Arm nehmen und streicheln. Meist versuchen die Züchter Ihnen den passenden Hund auszusuchen. Wenn Sie aber einen bestimmten gefunden haben, bei dem es sozusagen 'Liebe auf den ersten Blick' ist, sollten Sie durchaus auch deutlich machen, dass Ihr Herz nun gerade für diesen einen Welpen schlägt. Hier bleibt Ihnen im Grunde gar nichts anderes übrig, als sich auf Ihr Bauchgefühl zu verlassen.

Allerdings sollten Sie auch darüber nachdenken, falls der Züchter Ihnen zu einem anderen Welpen rät. Möglicherweise hat er gute Gründe dafür. Sie sollten auf seine Erfahrung vertrauen. Auch er möchte für seine Welpen und ihre späteren Halter nur das Beste.

Bezüglich der Charakterentwicklung sollte man allerdings berücksichtigen, dass (bei normal verlaufender Sozialisierung) der Hund sich erst in der Pubertät zu dem Hund entwickelt, der er später als adulter Hund sein wird. Das kann man aus dem Welpenverhalten also noch nicht sicher schließen.

Letztendlich müssen Sie entscheiden und dafür ruhig Ihr Herz sprechen lassen.

Darf sich ein Kind den Hund selbst aussuchen?

Wenn seitens des Hundezüchters oder bei Tierheimhunden aus Sicht der Tierheim-Mitarbeiter nichts dagegen spricht – ein klares JA.

Stellen Sie sich vor, Sie sind beim Züchter, bei herrlichem Sonnenschein sitzen Sie im Garten, die Welpen wuseln herum – und mittendrin Ihr Kind, das sich kaum satt sehen kann. Und plötzlich ist da dieser eine Welpe, der es ihrem Kind besonders angetan hat. Und die Liebe ist riesengroß, beim Abschied kullern Tränen – weshalb sollte man dann einen anderen Welpen aussuchen?

Auch beim Tierheimhund kann das Kind durchaus mit entscheiden. Vielleicht haben zwei oder drei verschiedene Hunde Ihr Herz berührt – weshalb sollte Ihr Kind nicht sagen dürfen, in welchen Hund es sich selbst verliebt hat und weshalb sollte man kindlicher Intuition nicht trauen?

Für ein Kind gibt es nichts schöneres als mit einem Hund aufzuwachsen und aus dem Gefühl - das ist mein Hund, den habe ich ausgesucht - entsteht sicherlich auch eine ganz besondere Beziehung und Verantwortlichkeit des Kindes dem Hund gegenüber.

Tja, da ist sie schon wieder...die Sache mit dem Bauchgefühl... Vertrauen Sie sich und Ihrem Kind!

Wie entscheide ich mich für den richtigen Tierheimhund

Hier läuft es etwas anders. Natürlich werden Sie sich ersteinmal die Hunde verschiedener Tierheime ansehen. Und obwohl es meist erwachsene Hunde sind kann man auch hier nicht unbedingt auf ihren eigentlichen Charakter schließen. Im Tierheim verhalten sich die meisten Hunde anders als in einer normalen Umgebung. Die einen werden aus Frust zum Dauerkläffer in ihren Tierheim-Boxen, die anderen sind total verunsichert und man bekommt sie kaum zu Gesicht, weil sie sich ins letzte Eck verkriechen. Die nächsten machen vielleicht auf 'lieb Kind' in der Hoffnung auf einen Spaziergang.

Hier sollten Sie auf die Kenntnis der Tierheim-Mitarbeiter vertrauen. Allerdings sollten Sie schon klar machen, was für eine Art von Hund Sie gerne möchten. Und wenn Tierheim A diesen Hund nicht hat, lassen Sie sich nicht entmutigen. Vielleicht finden Sie ihn in Tierheim B oder es läuft Ihnen in einem anderen Tierheim ein ganz anderer Hund über den Weg, der nicht geplant war, aber Ihr Herz im Sturm erobert. Dann lassen Sie Ihr Herz sprechen und entscheiden Sie sich für diesen Hund – vorausgesetzt, er ist charakterlich für Hundeanfänger geeignet. Dies können nur die Tierheim-Mitarbeiter wissen, die diesen Hund kennen und betreuen.

Wo kann ich mich über Rassen und Haltung informieren

Vorbereitung ist das A und O vor der Anschaffung eines Hundes. Es gibt viele Möglichkeiten, sich über die Bedürfnisse einer Hunderasse und somit die auf den künftigen Halter zukommenden Anforderungen zu informieren. Jede hat ihre Vor- und Nachteile: wenn man Hundehalter befragt, finden diese ihren Hund natürlich am tollsten und beschreiben ihn in den schillerndsten Farben, Fernsehsendungen vermitteln das, was sie transportieren wollen, Hundeschulen sind im Anspruch an Qualität und Erziehungsmethoden sehr unterschiedlich ausgerichtet, die meisten Züchter züchten 'nur' liebe, leicht erziehbare, ideale Familienhunde, Tierheimhunde benehmen sich im neuen Zuhause oft ganz anders wenn sie sich erst einmal eingelebt haben. Hier gibt es also sehr viel abzuwägen und zu hinterfragen. Dennoch sollte man alle Informationsmöglichkeiten nutzen und versuchen, sich ein Gesamtbild zu machen.

Nachfolgend finden Sie die wichtigsten Anlaufstellen, um sich 'schlau' zu machen. Sie können:

- Züchter
- Andere Halter
- Tierheime u.ä.
- Bücher
- Internetforen
- Hundetrainer

besuchen. Nutzen Sie den Kontakt vor Ort. Erstellen Sie sich eine Liste mit allen für Sie wichtigen Kriterien (was Sie von dem Hund erwarten, wie Sie ihn verwenden möchten, Freizeit, Hundesport, Urlaub etc.).

Über Züchter können Sie sich beim VDH informieren. Diese haben auch meistens auf ihren Homepages Rassebeschreibungen und Einträge über derzeitige zur Verfügung stehende Welpen oder künftige Wurfplanungen.

ACHTUNG:

Ein absolutes Ausschlusskriterium sollten selbstverständlich Verkäufe an Autobahnparkplätzen aus Autos, auf Märkten, in Läden oder von Züchtern mit mehr als zwei, max. drei Hunderassen (das hat mit Liebhaberzucht nichts mehr zu tun) sein. Große Vorsicht geboten ist bei Inseraten in Zeitschriften. Hier ist es sehr schwer zu unterscheiden, ob es sich tatsächlich um die liebevolle Abgabe eines Welpen auf Grund eines - gewollten oder versehentlichen - Nachwuchses handelt oder ob Ihnen nur von der 'Hundemafia' etwas vorgegaukelt wird. Solche Methoden sollten Sie auf KEINEN FALL unterstützen in dem Sie diesen Menschen auch noch Geld geben. So leid Ihnen die Hunde vielleicht tun mögen. Gehen Sie unter einem Vorwand (z. B. Sie müssen Geld beim Automaten holen oder den Kauf noch einmal mit der Familie besprechen) und verständigen Sie die Polizei und den Tierschutz.

Wer kann einen bei der Auswahl einer Hunderasse beraten?

Jetzt wird es etwas schwierig – weil die Beurteilung eines Hundes immer sehr subjektiv ist. Andere Halter lieben ihren Hund und ihre Rasse so sehr, dass sie seine Schwächen ausblenden und nur von seinen Vorzügen schwärmen, wenn Sie sie zu ihrem Hund befragen.

Jeder Züchter ist natürlich davon überzeugt, dass seine Hunde die besten der Rasse sind. Ein guter Züchter hinterfragt aber auch Ihre Motivation, was Sie zu geben bereit sind und auch in welcher Umgebung der Hund aufwachsen würde. Und Sie müssen wissen, dass ein guter Züchter Ihnen auch sagen wird, dass er Ihnen möglicherweise keinen Hund geben wird – einfach weil er denkt, dass es nicht passt. Dafür sollten Sie dankbar sein, denn es ist besser, der Züchter sagt Ihnen das im Voraus als dass Sie es bemerken, wenn der Hund in die Pubertät kommt.

Bei Tierheimhunden ist es oft so, dass die Pfleger die Hunde zwar relativ gut kennen – aber später bei Ihnen zu Hause das Umfeld sich ja so stark verändert, dass sich auch der Hund verändert – man also nie weiß, wie sich die Situation entwickeln wird.

Noch gravierender ist es bei Hunden von Tierschutzorganisationen. Hier ist es oft so, dass diese aus dem Ausland eingeflogen werden und keiner weiß, was für ein Charakter hier weiter vermittelt wird.

Bei Tierheim- oder Tierschutzhunden haben Sie die Möglichkeit einer armen Seele ein tolles Leben zu ermöglichen. Bei einem Hund vom Züchter können Sie relativ sicher sein, dass Sie bekommen, was Sie suchen. Hier muss jeder selbst entscheiden, was für Ihn das Beste zu sein scheint.

Im Zweifelsfall können Sie auch einen Hundetrainer mitnehmen, der den Hund schon einmal beurteilt. Dies macht jedoch nur bei erwachsenen Hunden Sinn, da Hunde ihren 'wahren Charakter' erst in der Pubertät ausbilden.

Grundsätzlich gilt für jeden Hund, der bei Ihnen in die engere Wahl fällt – Sie können sich eigentlich nur auf Ihr Bauchgefühl verlassen. Sollten Sie unsicher sein oder werden, wenn der Hund bei Ihnen ist, holen Sie sich sofort einen kompetenten Trainer ins Haus und vermeiden Sie so, dass erst alles schief läuft, was dann möglicherweise nicht mehr oder nur bedingt begradigt werden kann. Dann haben Sie das Bestmögliche getan um einen tollen Hund zu haben mit dem Sie sehr glücklich werden können.

Kapitel 5

Anschaffungs- und Folgekosten eines Hundes

Anschaffungskosten

Zunächst einmal kostet die Anschaffung des Hundes selbst Geld. Beim Züchter muss man mit ca. 1000 – bis 3000 Euro und darüber hinaus rechnen. Wenn Sie einen Hund von einem guten Züchter kaufen ist dieser aber auch schon sozial gut vorgeprägt, gechipt, geimpft, hat einen EU-Heimtierausweis etc. und Sie bekommen eine Einführung zur medizinischen Pflege und wichtige Hinweise zur Erziehung und Körperpflege, einen Fütterungsplan, vielleicht sogar schon erste Hinweise für den problemlosen Gang zum Tierarzt. Gerade Züchter von Champions sehen es aber gerne (manche machen es sogar zur Bedingen für die Abgabe), dass diese Hunde dann auch auf Ausstellungen gehen und mit ihnen gezüchtet wird. Je nach Rasse sind dann auch regelmäßige Besuche beim Hundefriseur notwendig.

Auch bei Hunden aus dem Tierschutz fallen Anschaffungskosten an. Tierheime verlangen eine Schutzgebühr. Diese beläuft sich meist auf eine Höhe von ca. 300,- bis 500,- Euro. Bei Tierschutzorganisationen sind die Abgabekosten ähnlich.

Die Grundausstattung für den Hund

Ehe Sie den Hund zu sich nach Hause holen, müssen Sie natürlich auch gut ausgestattet sein. Zur Grundausstattung gehören:

- Wassernapf

- Futternapf

- Halsband und Leine und/oder Geschirr und Leine

- Futter (vom Züchter bekommen Sie für die ersten Tage das Futter mit, das er verwendet hat)

- Bei Kälte, je nach Rasse, ein Mäntelchen

- ein Körbchen (die meisten Hund lieben es, manche legen sich nie hinein, hier vorab beim Züchter erkundigen)

- Spielzeug (für Welpen gibt es spezielles Spielzeug)

- Leckerchen

- eine Transport-Box fürs Auto, wenn der Hund später im Kofferraum transportiert werden soll

- ○ Falls der Hund im Auto auf dem Rücksitz transportiert wird, ein Auto-Geschirr (mit Adapter für den Gurt)

- ○ ggf. eine Box für zu Hause, die für den Hund einen sicheren Rückzugsort bedeutet

Ideal wäre es, wenn Ihr neues Familienmitglied nach Hause kommt und Sie am nächsten Tag die Chance haben, noch etwas im Zoogeschäft oder Tierzubehörhandel zu besorgen, wenn also am nächsten Tag die Läden nicht geschlossen haben. Meist merkt man erst hinterher, was man vielleicht für den neuen Mitbewohner noch gerne gehabt hätte oder braucht. Informieren Sie sich vorab schon über die vielfältigen Angebote im Zoogeschäft. Was es alles gibt, was Sinn macht und was nicht. Gehen Sie auch ruhig davon aus, dass Sie so manchen Fehlkauf machen, weil Ihr Hund das ein oder andere Spielzeug nicht mag oder Sie merken, dass Ihnen die Leine doch nicht so gut in Hand liegt wie gedacht. Mit Ihren Fehlkäufen können Sie aber etwas gutes tun – geben Sie sie im nächsten Tierheim ab. Dort finden sich bestimmt ein paar dankbare Abnehmer! Und dann ist es ja eigentlich schon kein Fehlkauf mehr...

Informieren Sie sich bei anderen Hundehaltern wo diese sich gut beraten fühlen. Da bekommt man meistens ganz gute Tipps. Letztendlich werden Sie aber wahrscheinlich feststellen, dass der eine Laden für bestimmt Dinge besser ist und ein anderer wieder für andere Dinge. Eben wie im echten Leben! Nutzen Sie ruhig auch die Möglichkeit auf Hundemessen zu gehen. Dort gibt es zumindest für die ersten zwei, drei Besuche immer Interessantes zu entdecken. Beim passgenauen Kauf von Geschirr oder Mäntelchen kann es sinnvoll sein, den Hund wegen der Anprobe mitzunehmen. Denken Sie dabei aber an die vielen Menschen und anderen Hunde. Wegen des Messetrubels sollte deshalb eine Begleitperson dabei sein, die Ihnen den Hund auch einmal abnehmen und mit ihm Ruhezonen aufsuchen kann. Einen Messebesuch sollten Sie aber nur machen, wenn Ihr Hund diesen Trubel auch wirklich gut ertragen kann.

Steuern und Versicherung

Hinzu kommt natürlich noch die Hundesteuer. Diese wird von den Städten und Gemeinden festgesetzt und fällt dementsprechend sehr unterschiedlich aus. Auf den Homepages der Stadtverwaltungen finden Sie i.d.R. die Bedingungen (Kosten, wann muss der Hund spätestens angemeldet sein, welche Rechte und Pflichten habe ich in meiner Stadt als Hundehalter, etc.). Bitte beachten Sie auch, dass Mehrhundehaltung und Rassen der sogenannten Listenhunde ebenfalls meist um ein vielfaches besteuert werden. Auch die Rassen der Listenhunde werden von Bundesland zu Bundesland unterschiedlich aufgeführt.

Meist zählen hierzu u.a.:

- American Staffordshire Terrier
- Bordeauxdogge
- Bullterrier
- Bullmastiff
- Dogo Argentino
- Fila Brasileiro
- Rottweiler
- Pitbullterrier
- Mastino Napoletano
- Mastiff
- Staffordshire Bullterrier
- Tosa Inu

Oftmals werden auch Mischlinge aus diesen Rassen auf die Liste gesetzt. Für diese Hunde gelten besondere Haltungsbedingungen. Daher sind diese für Anfänger absolut NICHT geeignet.

Unumgänglich ist ebenfalls eine Hundehaftpflicht-Versicherung. Diese kann meist auf die bestehende Privat-Haftpflicht-Versicherung aufgestockt werden und sollte schon vom ersten Tag an dem der Hund zu Ihnen kommt bestehen.

Folgekosten für Gesundheit und Krankheit

Nicht zu unterschätzen sind die in den nächsten Jahren folgenden Kosten beim Tierarzt. Zum einen für die Vorsorge z.B. durch Impfungen, zum anderen durch Behandlungskosten. Denn kaum ein Hund wird immer gesund und unverletzt bleiben. Die Erfahrung zeigt, dass unsere Hunde heute fast dieselben Krankheiten bekommen wie wir Menschen - vom Bandscheibenvorfall bis zu Herzerkrankungen, dazu noch einige sehr hundespezifische Erkrankungen.

Wird ein Hund z. B. Epileptiker, kann bei mittlerer Größe und entsprechender Dosierung durchaus ein Betrag von ca. 100,-- EUR monatlich NUR für diese Medikamente entstehen.

Nach einem Unfall oder einem Wirbelschaden z. B. können die Operationskosten mehrere Tausend EUR betragen. Selbst bei kleineren Operationen mit stationärer Aufnahme kommen zu den OP-Kosten noch die Kosten für den Verbleib in der Klinik hinzu. Diese belaufen sich durchaus auf 100,- bis 200,- EUR oder mehr pro Tag.

Denken Sie daran: Ihr Hund ist immer Privatpatient! Darum kann es ebenfalls sehr sinnvoll sein, eine Hundekrankenversicherung abzuschließen. Hier ist ein Preis-Leistungsvergleich sehr umfangreich und sollte gut geprüft werden. Möglicherweise kann Ihnen hier Ihr Züchter auch schon einen guten Rat geben.

Kapitel 6

Organisation im Alltag

Vorüberlegungen – bevor der Hund bei Ihnen einzieht

Bisher haben wir besprochen, was alles im Vorfeld der Hundeanschaffung zu bedenken ist. Doch jetzt wird es ernst. Denn wenn ihr Wunschhund bei Ihnen einzieht muss eine Menge im Alltag geregelt sein: er braucht einen Platz zum Schlafen, seine Wasser- und Futterschüssel und seine Gassigänge – und zwar bei jedem Wetter.

Wir wollen bei jedem Wetter raus © Fotolia - Hotspot

Sie sollten sich also schon überlegt haben, wo der Hund später einmal schlafen soll, ob er aufs Sofa und mit ins Bett darf, wo er sein Futter einnehmen soll und wo der Trinknapf stehen soll – dieser muss nämlich Tag und Nacht zur freien Verfügung gefüllt bereit stehen.

Ein erwachsener Hund sollte mindestens drei mal täglich die Möglichkeit zum Gassigang haben. Die Möglichkeit, dass der Hund sich im Garten erleichtern kann, darf den Gassigang nicht ersetzen.

Der Gassigang dient der Orientierung, der Hund kann schnüffeln und somit erkennen wer und was sich in 'seinem Revier' so 'herumtreibt', er kann neue Spielkameraden kennen lernen, lernen wem er besser aus dem Weg geht und wer ein Leckerchen oder eine Streicheleinheit für ihn übrig hat. Er lernt Umweltreize einzuschätzen, egal ob Gegenstände, die gestern noch nicht da waren, Geräusche, die er noch nie gehört hat oder Menschen, die sich merkwürdig verhalten zu ignorieren. Dabei müssen Sie ihm helfen.

Sie müssen also abklären, wer die Gassigänge übernimmt. Wenn der Hund einem Kind gehören soll, müssen sich die Eltern darüber im Klaren sein, dass viele Aufgaben die zur Pflege des Hundes gehören, an ihnen hängen bleiben. Geht das Kind zur Schule, kann es die meisten Spaziergänge nicht übernehmen, wird es krank, kann es gar nichts übernehmen, ist es in der Pubertät, verweigert es vielleicht alles usw. Dann MÜSSEN Sie als Erwachsener diese Pflichten übernehmen und den Hund versorgen als wäre es schon immer IHR Hund gewesen. Wenn Sie auf Ihr Kind sauer sind, weil es den Hund vernachlässigt, darf nicht der Hund darunter leiden.

Das selbe gilt für die Pflege: Bürsten, Krallen schneiden, füttern, mit Wasser versorgen, Erziehung, Spiel, streicheln...

Wer springt ein, wenn der Hauptversorger ausfällt?

Wenn der Hauptversorger des Hundes ausfällt - das gilt im Mehrpersonenhaushalt aber auch besonders wenn der Hund im Ein-Personenhaushalt lebt -, sollten Sie gewährleisten können, dass der Hund gut verpflegt wird, wenn Sie einmal nicht können. Krankheit oder gar ein mehrwöchiger Krankenhausaufenthalt mit anschließender Reha zwingen Sie möglicherweise, den Hund in gute Hände abzugeben. Dies wäre im ungünstigsten Falle eine Tierpension. Deshalb gilt auch hier: rechtzeitig Vorsorge treffen, damit im Ernstfall alles geregelt ist. Klären Sie auch, wer im Falle, dass Sie selbst keine Möglichkeit mehr haben dies zu regeln, z. B. wegen einer plötzlichen Erkrankung, Zugang zu Ihrer Wohnung hat und sich zuverlässig um den Hund kümmert.

Organisation im Urlaub

Überlegen Sie auch schon im Vorfeld, wie Sie ihren Urlaub gestalten möchten. Sie lieben Urlaub an der Nordsee, am Bodensee oder in den Bergen und fahren mit dem Auto dort hin? Dann können Sie den Hund ja problemlos mitnehmen. Sie müssen nur darauf achten, dass er am Übernachtungsort (Hotel, Ferienhaus, Campingplatz etc.) auch gerne gesehen ist.

Anders verhält es sich bei Flugreisen. Bei Hunden, die so groß sind, dass sie nicht mehr als Handgepäck mit in die Passagierkabine mitgenommen werden dürfen, müssen Sie sich entscheiden: mitnehmen oder zu Hause lassen.

Wenn Sie ihn mitnehmen, kommt er in den Frachtraum. Für die Verfasserin dieser Zeilen kein schöner Gedanke...

So macht Urlaub allen Spaß ... © Fotolia - Sabine Schönfeld

Wenn Sie ihn zu Hause lassen müssen Sie ihn bei Verwandten oder Freunden unterbringen oder in eine Tierpension geben. Freunde und Verwandte kennen Sie, da wissen Sie, ob der Hund sie mag und ob sie zuverlässig alles übernehmen können.

Wenn Sie sich für eine Tierpension entscheiden, bleibt Ihnen nur sich im Vorfeld gut zu informieren. Sehen Sie sich die Tierpensionen vorher an, vereinbaren Sie Probetage, dann sehen Sie, wie der Hund darauf reagiert und ob Sie ihn wieder hinbringen können oder lieber nicht. Auch hier kann es sehr sinnvoll sein, andere Hundehalter nach ihren Erfahrungen zu fragen.

Für Bahnreisen gelten besondere Regeln, wie Boxen- oder Maulkorbzwang. Hierzu sollten Sie sich im aktuellen Fall vorab bei der Bahn informieren.

Auch die Urlaubsländer haben oft besondere Regelungen für Hunde – hier bitte ebenfalls vorab klären, was verlangt wird.

Kapitel 7

Es ist soweit – der Vierbeiner kommt

Der Transport vom Züchter kann unterschiedlich geregelt sein. In aller Regel wird es wohl so sein, dass Sie Ihren Hund beim Züchter direkt abholen. Dort wird Ihnen ein guter Züchter etwas über die Körperpflege beibringen, Sie mit dem notwendigen Futter für die ersten Tage versorgen und Ihnen erzählen, wie der Erziehungsstand des Hundes ist (es muss ja nicht immer ein Welpe sein).

Manche Welpen sind z. B. an eine Welpentoilette gewöhnt, was durchaus sinnvoll sein kann, wenn man so wohnt, dass man nicht sofort im Grünen ist, wenn der Welpe anzeigt, dass er mal muss. Dass diese dann nach und nach abgebaut werden muss, sollte selbstverständlich sein.

Bei älteren Hunden wird man Ihnen sicher erzählen, welche Signale verwendet werden (»SITZ«, »PLATZ«, »BLEIB«, »HIER«, »KOMM«) in Verbindung mit Namen oder nicht etc.), welche der Hund schon beherrscht oder gerade erlernt und welche Eigenheiten und Vorlieben der Hund inzwischen ausgeprägt hat.

Bei Tierheimen, Tierschutzorganisationen oder Kauf von Privat, wird es in der Regel ebenfalls so ein, dass Sie den Hund vor Ort abholen.

Das neue Familienmitglied zieht ein

Mit dem Einzug Ihres kleinen Lieblings wird sich Ihr Leben ändern. Das beginnt schon damit, dass Sie Ihre Wohnräumlichkeiten bereits vorher 'welpensicher' gestalten sollten. Dazu gehört z. B. dass Sie

- Stromkabel sichern gegen anknabbern (am Besten hinter Kabelschacht oder Schränken verlegen)

- Sachen wie z. B. Schuhe wegräumen (Schuhe sind sehr beliebt zum Ausprobieren der spitzen Welpenzähnchen, aber auch alles andere was in Reichweite herumliegt wird gerne 'genauer untersucht')

- Verletzungsgefahren verhindern/minimieren (z. B. Tischkanten)

- Sofa vor Missgeschick (gegen Pipi z. B. durch ein wasserdichtes Moltonlaken oder durch einen festen Überwurf gegen Krallenspuren) schützen

- Tapeten können ebenfalls sehr lecker sein, Renovierungsarbeiten also erst planen, wenn der Hund erwachsen ist

- Möbel (insbesondere beim Zahnwechsel lieben Welpen es, mit ihren Zähnen in weiches Kaumaterial wie z. B. Möbelholz zu beißen). Hier kann es sehr sinnvoll sein, entsprechendes Kaumaterial anzubieten, z. B. getrocknete Brotkanten, Lederdummies oder weichere Kauknochen (speziell für Welpen) vom Zoofachhandel.

Wie beginne ich es richtig

Der Hund muss lernen, dass es in seinem Lebenskreis (links) viele Schnittmengen mit 'seinen' Menschen gibt. Er muss sich nach und nach in die Lebenswelt der Menschen (rechts) einfinden.

Sozialisierung: mit Menschen

Zuallererst sollten Sie Zeit für den kleinen Welpen haben. Er sollte nicht alleine bleiben müssen, solange er es noch nicht gelernt hat. Stellen Sie sicher, dass die ersten Wochen immer eine Bezugsperson zur Verfügung steht.

Ehe das neue Familienmitglied überhaupt das neue Zuhause betritt, sollten Sie mit ihm eine kurze Gassirunde (5 Minuten reichen, wir wollen keine Aufregung zusätzlich aufbauen) in der direkten Umgebung machen. Bewegung ist gut gegen Aufregung, er lernt die nähere Gegend kennen und kann sich erleichtern ehe er die Wohnung betritt.

Als Faustregel sagt man, für die Gassirunde sollte man pro Lebensmonat 5 Minuten ansetzen – je nach Größe und Konstitution ist dieser Wert natürlich anpassbar.

Schon hier können Sie Ihren Hund beobachten und auf seinen derzeitigen mentalen Zustand schließen: ist er eher forsch, untersucht alles und zeigt keine Unsicherheit – oder ist er zaghaft, traut sich kaum einen Schritt vor den anderen zu machen? Daraus können Sie schon jetzt Rückschlüsse auf die künftige Erziehung ziehen. Wenn es ihr erster Hund ist, sollten Sie sich auch nicht scheuen, sich von Anfang an von einem Experten Rat zu holen. Aber achten Sie gut darauf wen Sie sich holen. Die Ausbildung zum Tierpsychologen und/oder ein IHK-zertifizierter Hundeerzieher, BHV- oder IBH-Hundetrainer sind sicher eine gute Voraussetzung für kompetente Hundeerziehung.

Manches sollten Sie aber schon vom ersten Tag an mit ihrem neuen Familienmitglied klären. Z. B., dass Sie Menschen sind und keine Hunde. Dass das Spiel mit Menschen anders abläuft als mit den Wurfgeschwistern bisher. Menschenhaut ist viel empfindlicher. Wenn Hundebabies miteinander toben und einem wird es zu wild, wird gequietscht. Das Spiel wird unterbrochen, um gleich erneut fortgesetzt zu werden. So ist es auch, wenn Menschen mit dem Hund spielen. Kommen Hundezähnchen auf Menschenhaut wird gequietscht, das Spiel kurz (2-3 Sekunden) unterbrochen, dann kann es weitergehen. Ist der kleine allerdings so aufgedreht, dass er sich gar nicht mehr beherrschen kann, das Spiel komplett abbrechen, bis er wieder ruhig ist und sogar vielleicht ein wenig geschlafen hat.

Ganz wichtig: Niemals Kinder und Hund ohne Aufsicht zusammen lassen. Auch Kinder wissen manchmal nicht, wo sie Grenzen setzen müssen. Der Hund darf nicht bedrängt, an den Ohren oder dem Schwanz gezogen werden; man muss ihn in ruhe lassen, wenn er diese braucht und NIEMALS im Schlaf stören.

Was darf der Hund im neuen Zuhause?

Dies ist eine sehr wichtige Frage über die sich alle Familienmitglieder einig sein sollten.

Darf der Hund mit aufs Sofa?

Wenn es Sie nicht stört spricht nichts dagegen, solange er es Ihnen nicht streitig macht.

Darf der Hund mit ins Bett?

Wenn es Sie nicht stört spricht nichts dagegen, solange er es Ihnen nicht streitig macht.

Darf der Hund in die Küche?

Es macht Sinn, für den Hund eine Tabu-Zone einzurichten. Das sind Örtlichkeiten zu denen er keinen Zutritt haben sollte. Viele Menschen füttern Ihre Hunde in der Küche. Ich empfehle aber gerade die Küche als Tabu-Zone einzurichten, da diese zum Einen ein Hygiene-Bereich und zum Anderen wohl der gefährlichste Raum im Haus ist: heißes Fett spritzt aus der Pfanne, der Nudeltopf muss zum Abgießen vom Herd zur Spüle transportiert werden, es gibt mal Scherben oder ein scharfes Messer fällt herunter etc. Da macht es schon Sinn, wenn der Hund außer Reichweite ist.

Darf der Hund vom Tisch gefüttert werden?

Darauf sollten sie grundsätzlich von Anfang an verzichten. Einerseits erziehen Sie sich sonst einen Bettler – und glauben Sie mir, kaum etwas anderes lernt der Hund so schnell wie das – und andererseits gibt es viele Lebensmittel, die für Hunde nicht bekömmlich, sogar lebensgefährlich werden. Sollten Sie für den Hund verträgliche Speisereste haben, die Sie ihm zu Gute kommen lassen möchten, könnten Sie diese, wenn Sie selbst mit Essen fertig sind, in einen Napf einfüllen und dem Hund an seinem Futterplatz anbieten. Bitte denken Sie daran, dies mit der Gesamtfutterration zu verrechnen und auch, dass gerade Welpen und Junghunde noch sehr empfindlich auf Speisen reagieren (i.d.R. mit Durchfall und ggf. Erbrechen).

KAPITEL 8

Mit dem Hund im Alltag - Füttern und Gassi

Füttern und Gassigänge

Häufig entstehen kaum dass der Welpe das neue Zuhause betreten hat, schon die ersten Unsicherheiten. Wie oft muss ich füttern und wann, wie oft und wie lange gehe ich mit ihm Gassi. Normalerweise bekommen Sie vom Züchter oder einer verantwortungsbewussten Abgabestelle – gerade für Welpen – einen Fütterungsplan (und Futter für die ersten Tage, häufig sogar eine Welpengrundausstattung) und Hinweise auf die Gassizeiten mit.

Sollte dies aus welchen Gründen auch immer bei Ihnen nicht der Fall sein, können Sie von folgenden Regeln ausgehen: Welpen werden 5 mal täglich gefüttert. Ab ca. der 12. Woche kann man auf 4 mal gehen, ab der Pubertät (sie zeigt sich durch den beginnenden Zahnwechsel an) kann man auf 3 mal täglich umstellen. Ist der Hund ca. 1 Jahr alt, wird meist auf zwei Mal täglich umgestellt. Man kann auch bei drei Mal täglich bleiben, das ist aber individuell je nach den Möglichkeiten des Hundebesitzers weniger leicht in den Alltag zu integrieren.

Grundsätzlich sollen Welpen und Junghunde bis sie stubenrein sind nach dem Füttern, Aufwachen und Spielen gleich Gelegenheit bekommen sich zu lösen. Drei Gassigänge täglich sollten auch beim erwachsenen Hund das Minimum sein. Nach ca. 6 Std. sind beim erwachsenen Hund Darm und Blase so gefüllt, dass er Gelegenheit bekommen muss, sich zu lösen. Wie lange er es über Nacht aushält ist individuell unterschiedlich, aber zwischen 8 bis 10 Stunden schaffen es die meisten, wenn sie ruhen.

Gassigehen - wie lange in welchem Lebensalter?

Für Welpen gilt die Regel fünf Minuten Gassi-Gehen pro Lebensmonat. Das kann man natürlich etwas variieren - je nach Größe und Fitness des Welpen. Aber lassen Sie sich durch den Übermut Ihrer kleinen Fellnase nicht täuschen und beugen Sie einem Zuviel vor. Zuviel kann zu Überlastungsschäden führen. Wenn Sie etwas länger unterwegs sein möchten, bauen Sie viele Pausen ein und tragen Sie den Welpen ggf. eine zeitlang.

Ihren Gassigang brauchen Hunde aber bei jedem Wetter – doch sind sie individuell unterschiedlich in der Bewertung, was noch Spaß macht: Während es den einen nicht kalt und den anderen nicht warm genug sein kann, lieben die einen Matsch und die anderen sind wasserscheu. Auch hier dürfen Sie sich an den Bedürfnissen Ihres kleinen Lieblings orientieren.

TIPP:

Gerade hibbelige und unsichere Hunde brauchen Stabilität. Diese erreichen Sie durch Rituale und Regelmäßigkeiten. Diese geben Sicherheit und Verlässlichkeit. Das zeigt sich z.B. in regelmäßigen Spiel-, Fütterungs- und Gassizeiten, wie auch in sich wiederholenden Gassirunden (die Wege nicht ständig sondern sukzessive variieren).

Regelmäßige Fütterungs- und Gassizeiten führen zu regelmäßigem Stuhlgang. Das hat den Vorteil, dass man schneller erkennen kann, wenn sich etwas ändert, z. B. durch eine Erkrankung.

> **WICHTIG: Wenn ein Malheur passiert ist ...**
>
> ... den Hund niemals bestrafen! Nicht schimpfen! Nicht böse sein! Ganz entspannt bleiben! Strafe ist für den Hund ein Angst auslösender Faktor. Wir werden sonst in Bezug auf Stubenreinheit genau das Gegenteil von dem Erreichen, was wir erreichen wollen.

Stubenreinheit

Einen Hund stubenrein zu bekommen, erfordert vor allem eines: Geduld. Denn der Hund als Wolf im Hundepelz bringt in Bezug auf unsere Hygienevorstellungen besonders in Wohnzimmer und Flur genetisch nur wenig mit. Was wir uns aber zu Nutze machen können ist sein natürliches Reinhaltebedürfnis. Bis zu seiner Nasenspitze wird er seinen Liegeplatz ganz sicher sauber halten und wird auch als Welpe mindestens ein paar Schritte gehen um dann etwas entfernt sein Geschäft zu machen. Und genau dieses natürliche Reinhaltebedürfnis kultivieren wir und weiten diesen Hygienebereich immer mehr aus.

Gewohnheit und Regelmäßigkeit sind die Grundlagen zur Stubenreinheit. Gehen Sie regelmäßig mit dem Welpen alle zwei Stunden an die gewohnte Lösestelle. Geben Sie ihm regelmäßig zu seinen gewohnten Zeiten sein Futter. Nach dem Essen, Aufwachen, Spielen gehen sie zusätzlich an die gewohnte Lösestelle. Alles regelmäßig. Bei jedem Wetter - zu jeder Tages- und Nachtzeit. Loben Sie ihn mit freudiger Stimme *megamäßig* wenn er sein Geschäft beendet (!) hat. Ihr Hund wird diese Lösestelle bald mit seinem Lösebedürfnis verknüpfen.

TIPP:

Um ihren Hund stubenrein zu erziehen, ist sehr viel Engagement ihrerseits notwendig. Nachts bei Regen, Nebel und Frost. Machen Sie sich klar - ihr Hund muss aufs Klo wie sie selbst auch! Wenn ihr Hund gar nicht stubenrein werden will:

Kleben Sie sich einen Zettel ins Klo: 'MUSS MEIN HUND JETZT AUCH?'

Halten Sie auch ihre Gassi-Ausrüstung (Schirm, Mantel, Hut, Regenstiefel, etc.) immer griffbereit. Unverhofft kommt oft! Manchmal 'muss' der Hund sogar um 0 Uhr 30 bei Starkregen und Sturm und Schneematsch. Und dann muss es rasend schnell gehen! Im einen Arm werden Sie dann tragenderweise den unruhigen Welpen halten, den Sie gerade mitten in seinem drängenden Geschäft gestört haben - während Sie mit der freien Hand und Arm ihre Hose und den Mantel anziehen, Schnürsenkel binden, Hut aufsetzen, Leckerli und Kotbeutel einpacken, Regenschirm unter den Arm klemmen, Wohnung auf- und abschließen und dann vor allem müssen Sie schnellstmöglich und stressfrei (!) die 'Geschäftsstelle' des Welpen erreichen! Denn Ihr Stress überträgt sich auf den Hund. Der Welpe assoziiert sonst: Pippi machen ist der absolute Stress! Also bleiben Sie innerlich und äußerlich absolut freundlich gestimmt. Auch wenn sich um 01 Uhr 30 die Prozedur wiederholt.

CHECKLISTE

So klappt es mit der Stubenreinheit !

- ○ Beobachten Sie ihren neuen Mitbewohner ganz genau!

- ○ Welche Signale sendet er aus, wenn er sich lösen muss?

- ○ ein Hund verhält sich in der Regel immer gleich, bevor er mit seinem Geschäft beginnt - das müssen Sie jetzt bei ihrem Hund herausfinden.

- ○ Wenn er unruhig wird, aus seinem Liegeplatz steigt, umherschnüffelt, in Kreisen geht, sich auf die Suche nach einem geeigneten Pippi-Plätzchen begibt, wenn er quengelt oder winselt, können das Anzeichen sein.

- ○ Wenn der Hund nach einem Schläfchen gerade am Aufwachen ist, können Sie schon den Mantel anziehen, ihn dann gleich aufnehmen und zum Löseplatz gehen.

- ○ Dasselbe gilt wenn Sie ihm sein Futter gegeben haben. Mit einer Verzögerung von 5 bis 30 Minuten - je nach Hund. Das muss beobachtet werden.

- ○ Tragen Sie den Welpen - mit aller Ruhe - an seinen Löseplatz außerhalb seines Lagerplatzes / Hundebox - idealerweise dorthin, wo er sich auch später lösen soll.

- ○ Tipp: Wenn Sie den Welpen tragen - anstatt ihn selbst laufen zu lassen - hat er keine Chance sich behelfsweise unterwegs zu erleichtern.

- ○ Machen Sie das immer wieder so, und wieder so, und wieder so ...

- Ideal ist es am Anfang, immer wieder denselben Löseplatz aufzusuchen. Der Hund assoziiert dann den Platz mit dem Ereignis.

- Loben Sie den Hund nach dem Lösen - super mega mäßig - überschwänglich bis zum geht nicht mehr. Leckerli inklusive.

- Loben Sie ihren Welpen aber nicht wenn er sein 'Geschäft' noch nicht beendet hat, sonst könnte es sein, dass er durch die Ablenkung vorzeitig abbricht.

- der Lösungsplatz des Hundes sollte möglichst frei von Ablenkungen sein. Wenn alles andere viel interessanter ist als das 'Geschäft' zu machen und er ständig abgelenkt wird, macht er am Ende vielleicht doch noch in die Wohnung.

- Der Hund darf jetzt auch vom Besitzer nicht mit Spielen abgelenkt werden. Auch sollte man nicht umherlaufen.

- deshalb geduldig sein und entspannt warten, bis er sein Geschäft gemacht hat

Kapitel 9

Die Erziehung beginnt

Wann und womit beginne ich bei der Erziehung

Nun – eigentlich schon im Moment der Abholung. Sie halten das für übertrieben? Kommt auf die Sichtweise an. Wenn Sie den Hund zu sich nach Hause holen transportieren Sie ihn vermutlich im Auto. Setzen Sie ihn nicht in eine Box im Kofferraum – auf seiner ersten Fahrt sollte er Geborgenheit und Sicherheit vermittelt bekommen. Setzen Sie ihn also am Besten auf die Rückbank und eine Begleitperson – am Besten die zukünftige Bezugsperson - neben ihn. Wenn er unruhig wird, halten Sie ihn fest, reden Sie leise und beruhigend - aber ohne ihn zu trösten, das würde es nur schlimmer machen. Und schon sind Sie bei der ersten Erziehungsmaßnahme.

Tipp: legen Sie eine Decke auf den Rücksitz, falls vor Aufregung ein Malheur passiert – nicht schimpfen, einfach hinnehmen, der Hund kann nichts dafür, dass sich sein Leben plötzlich so radikal verändert.

Ehe Sie nun mit dem Hund ins Haus gehen, lassen Sie ihn noch fünf Minuten Pipi machen und ein bisschen schnüffeln. Dadurch lernt er in einem ersten kleinen Schritt schon mal die allernächste Umgebung kennen und hat die Möglichkeit sich zu entspannen.

Aber nicht zu lange – sonst wird's schon wieder aufregend.

Zu Hause angekommen, lassen Sie ihn nicht gleich in jedes Zimmer. Erweitern Sie seine Umgebung sukzessive. Die KLEINSCHRITTIGE Vorgehensweise ist für jedes Hundetraining grundlegend.

Beobachten Sie Ihren Welpen genau. Wenn er unruhig wird, sofort mit ihm nach draußen – vermutlich muss er sich lösen. So lernt er, sein 'Geschäft' draußen zu verrichten. Generell sollten Sie mit ihm raus gehen nach dem Spielen, nach dem Schlafen und nach den Mahlzeiten. Wenn Sie dies mit einem Gassigang verbinden wollen, warten Sie bis er sich gelöst hat und gehen erst dann mit ihm Gassi. Sonst könnte es sein, dass er vor lauter Aufregung, fremden Begegnungen und Gerüchen ganz vergisst, dass er eigentlich etwas erledigen wollte und zuhause fällt es ihm dann wieder ein.

Tipp: Gehen Sie auch nie gleich wieder nach Hause, wenn er sich gelöst hat, sonst lernt er, wenn ich mich gelöst habe, ist der Spaß vorbei. Er wird es sich verkneifen so lange er kann – und Zuhause fällt es ihm dann wieder ein... Dann haben Sie genau das Gegenteil von dem erreicht, was Sie eigentlich wollten. Wenn er sich löst, sofort ganz überschwänglich loben – so lernt er, dass es toll ist, sich draußen zu lösen.

Sie sehen also, ja – die Erziehung beginnt sofort.

Wenn sich Ihr Hund eingewöhnt hat, so ca. 10-14 Tage nach seiner Ankunft, sollten Sie mit ihm eine gute Welpenschule besuchen. Eine gute Hundeschule führt Welpengruppen mit max. 6 Hunden (pro Trainer, aber nicht mehr als 10 Hunden pro Gruppe mit 2 Trainern), arbeitet nach den neuesten wissenschaftlichen Erkenntnissen (sehen Sie sich auf den Internetseiten unbedingt auch an, ob die Trainer sich fortbilden und welche Qualifikation sie haben - Welpengruppen sollen von den erfahrensten Trainern und niemals von Anfängern geleitet werden -). Die Hunde dürfen kontrolliert miteinander spielen und bekommen ausreichend Ruhephasen. Der Satz: 'das machen die unter sich aus' fällt nie oder höchstens als abschreckendes Beispiel. Zu Beginn sollten sich die Hunde in Größe und Temperament ähneln, später müssen sie auch lernen mit größeren und kleineren und charakterlich anderen Hunden zurecht zu kommen. Hier lernen Sie auch i.d.R. die erforderliche Grunderziehung.

Leckerli sind erlaubt! Sie erleichtern sich und ihrem Hund das Leben und das Lernen. Es gibt verschiedene Möglichkeiten der Belohnung: Leckerchen, Spiel, Lob, Streicheleinheiten – probieren Sie einfach aus, worauf Ihr Hund am meisten steht – i.d.R. sind das Leckerchen. Diese werden später wieder ausgeschlichen. Wie, wird Ihnen Ihr Trainer erklären. Wer versteht, wie das Gehirn des Hundes arbeitet, arbeitet auch mit Belohnung. Das hat mit Bestechung - wie so gerne behauptet - NICHTS zu tun! Vertrauen Sie Ihrem gut ausgebildeten Trainer. Wer bei der ATN gelernt hat, eine IHK Zertifizierung vorweisen kann oder Mitglied in einem der etablierten Berufsverbände wie BHV oder IBH ist, hat die besten Voraussetzungen, Ihnen und Ihrem kleinen Liebling den Weg in eine glückliche Mensch-Hunde-Partnerschaft zu ebnen auf der Basis einer positiv verknüpften Hundeerziehung.

Erziehung von Anfang an

Wie im vorherigen Kapitel bereits erwähnt, beginnt die Erziehung vom ersten Tag an. Man muss klare Grenzen setzten und dem Hund bei aller Liebe von Anfang an zeigen was man möchte und was nicht. Man muss ihn aber auch auf den Alltag vorbereiten. Wahnsinnig viele neue Eindrücke stürmen jetzt auf unseren neuen Gefährden ein. Gerade Welpen oder schlecht sozialisierte Hunde (die Ersthundehaltern nur bedingt zu empfehlen sind) müssen so vieles lernen. Und sie haben dafür viel weniger Zeit als ein Kind.

Es ist daher sehr wichtig, dass Sie sich einen guten Hundetrainer bzw. eine gute Hundeschule aussuchen. Achten Sie auf die Ausbildung – der Unterschied macht's! Lassen Sie sich durch noch so gute Argumente nicht auf Trainer ein, die über positive Strafe arbeiten (den Hund ständig nur maßregeln anstatt ihm beizubringen, was er tun soll – und zwar liebevoll), die erzählen, mit Hunden spricht man nicht – sie sprechen auch nicht (ist quatsch, Hunde sprechen durch Mimik, Körpersprache und – Lautsprache und lernen unsere Worte zu interpretieren) oder Trainer, die eben Ahnung haben, weil sie schon ein Leben lang Hunde halten. Diese Argumente sind nicht stichhaltig. Suchen Sie sich eine Hundeschule mit Trainern, die aufgrund der aktuellen wissenschaftlichen Erkenntnisse arbeiten und sich regelmäßig fortbilden. Oberstes Gebot sollte die Erziehung über positive Verstärkung sein (den Hund für das belohnen, was er richtig gemacht hat).

In der Tier- und ehrlich gesagt ja auch in der Menschenwelt gilt immer: Verhalten muss sich lohnen. Wird ein Verhalten belohnt, wird es häufiger wiederholt. Ist ein Verhalten nicht zielführend, wird es nicht mehr ausgeführt und ein neues Verhalten ausprobiert. Und genau hier kommen wir zum Einsatz: in dem wir dem Hund beibringen, welches Verhalten wir statt dessen wünschen. Zeigt er dieses Verhalten, wird es wieder belohnt und so wird das gewünschte Verhalten mit der Zeit zum Selbstläufer.

Hierzu einige kleine Beispiele:

- der Hund hat gelernt an der Tür ruhig sitzen zu bleiben und zu warten, bis er angeleint ist und Frauchen oder Herrchen die Türe öffnet. Die Belohnung ist, dass jetzt spazieren gegangen wird.

- der Hund hat gelernt, dass anzeigen 'ich möchte zu diesem Busch' anstatt einfach dorthin zu ziehen dadurch belohnt wird, dass er gemeinsam mit Herrchen oder Frauchen zu dem Busch gehen darf. Es wird zum gemeinsamen Erlebnis.

- der Hund hat gelernt, dass auf Rückruf zu kommen nicht gleich bedeutet, dass das Spiel ist zu Ende. Die Belohnung fürs Kommen ist, dass er wieder zu den Spielfreunden zurück darf.

Natürlich beginnt man meist damit, dem Hund Neues über die Belohnung mit Futter beizubringen. Das ist aber keine Bestechung, sondern eine Belohnung für richtiges Verhalten. Wenn das Verhalten gefestigt ist, werden die Leckerchen wieder ausgeschlichen und durch ein Lob ersetzt. Es wäre schon übertrieben, wenn der Hund nach Jahren für ein simples »SITZ« immer noch ein Leckerli bekäme. Ein Lob sollte aber trotzdem immer wieder kommen – und zwar so lange der Hund lebt - als Rückmeldung: 'du machst es genau richtig'. Das gibt dem Hund die Sicherheit, dass er alles richtig macht. Denn das ist es eigentlich was ein Hund möchte - seinem Menschen gefallen. Und darin sollten wir ihn liebevoll unterstützen.

Also: ja, wir belohnen den Hund für richtiges Verhalten. So wie wir Kindern für gute Schulnoten auch durch ein Leckerchen in Form von einer extra Portion Eis, Taschengelderhöhung oder zumindest einem großen Lob zeigen, dass sich dieses Verhalten (fleißig lernen und gute Noten schreiben) lohnt.

So wie auch Sie an ihrem Gehalt sehen wollen, dass sich Ihre Arbeit lohnt!

Was gehört nun zur Grunderziehung?

Die üblichen Signale wie »SITZ«, »PLATZ«, »BLEIB«, »an lockerer Leine gehen«.

Hinzu kommt die Sozialisierung mit anderen Hunden, anderen Tierarten, Menschen (Kinder, alte Leute, Behinderte, Radfahrer, Jogger usw.), Straßenverkehr, Stadtleben etc.

Ganz wichtig ist aber auch zu lernen, dass der Tierarztbesuch nichts Schlimmes ist. Dazu gehen Sie am Besten schon ehe Sie zur ersten Nachimpfung müssen ein-, zweimal zu ihrem Tierarzt und stellen den Hund dort vor. Einfach mal durch die Praxis laufen, von den Tierarzthelferinnen sich mit Leckerchen und Streicheleinheiten verwöhnen lassen und wieder nach Hause gehen. Damit kann er den Geruch und die Betriebsamkeit einer Tierarztpraxis positiv verknüpfen.

Bereiten Sie ihren Hund zu Hause in aller Ruhe durch entsprechende Übungen auf den Tierarztbesuch vor.

Machen Sie mit ihrem Hund ein Medizinaltraining:

Sagen Sie seinen Namen und benennen Sie die Aktion die folgt.

Beispiel: Bello – »AUGEN«: Sie streichen ihm ganz zart rund um die Augen.

Bello – »OHREN«: Sie streichen ihm ganz zart rund um die Ohren verbunden mit einer leichten Massage an der Ohrwurzel und einem leichten streicheln der Ohrmuscheln.

Bello – »PFOTEN«: Sie untersuchen seine Vorder- UND Hinterpfoten, auch im Zehenzwischenraum. Gerade an den Hinterpfoten lassen sich die meisten Hunde nur sehr ungern anfassen.

Bello – »ZÄHNE«: Ziehen Sie sanft die Lefzen hoch und streichen Sie leicht mit dem Finger über die Zähne.

Bello – »BÄUCHLEIN«: Streicheln sie ihm seinen Bauch und lassen Sie dabei auch die Geschlechtsorgane nicht aus.

Es geht darum, dass der Hund lernt sich überall anfassen zu lassen, falls er später beim Tierarzt untersucht werden muss und/oder von Ihnen medikamentös behandelt werden muss.

Wenn Sie diese Untersuchungen abschließend immer mit einem Leckerchen belohnen, so dass mit diesen (evtl. nicht ganz angenehmen) Berührungen immer eine positive Verknüpfung entsteht, werden Tierarztbesuche deutlich relaxter ausfallen. Ganz hervorragende Ergebnisse bei unangenehmeren oder langwierigeren Untersuchungen beim Tierarzt erzielt man mit der Futtertube. Als ich meinen Hund schallen lassen musste (Untersuchung per Ultraschall) lag er ganz ruhig da und nuckelte an der Futtertube und bekam gar nicht mit, was der Tierarzt an seinem Bauch machte. Das hat meinem Hund eine Narkose erspart. Fragen Sie ihren Hundetrainer danach!

Sozialisierung: mit anderen Tieren

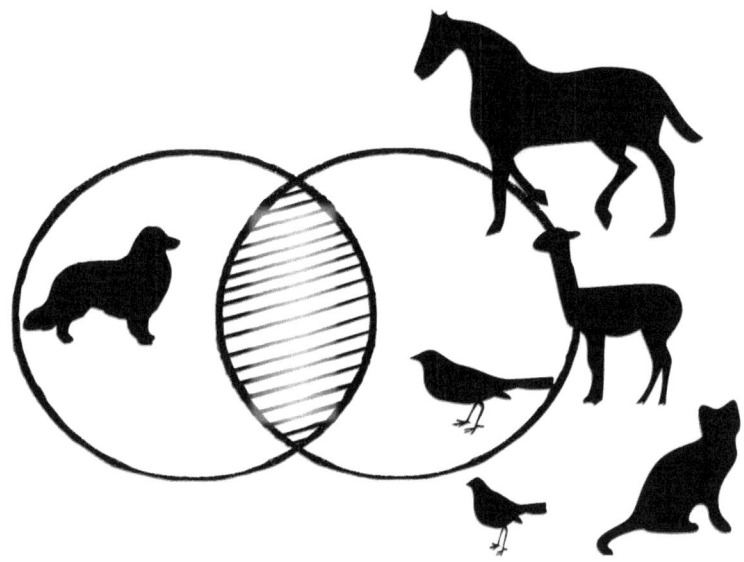

Der Hund muss lernen, dass es in seinem erweiterten Lebenskreis (links) spätestens beim Gassigehen, in Wald und Flur oder im Tierpark noch eine ganze Reihe anderer Tierarten gibt (rechts), die von ihm durchaus ihre Art von Respekt (siehe Schnittmenge) abverlangen. Gerade große Tiere wie z. B. Pferde oder im Wildpark die Wildschweine oder Galloways können Hunde ängstigen.

Auch wir wurden Freunde ... © Fotolia - Николай Татару

Deshalb ist es besonders wichtig, den Hund von klein auf mit anderen Tieren bekannt zu machen. Nutzen Sie die Möglichkeiten Tierparks, Zoos (in denen Hunde erlaubt sind) oder Wiesen mit Pferden zu besuchen.

Hunde kommen sehr gut ohne unsere Erziehung klar - nur wir kommen nicht mit dem klar, was dabei herauskommt!

Wir wollen doch Hunde, die sich an uns orientieren – ja, wir wollen sogar, dass sie uns lieben. Wir wollen sie überall mit hin nehmen können (ins Restaurant, in die City, in den Zoo oder Wildpark, ins Hotel etc). Darum müssen wir ihnen all diese Umwelteinflüsse nahe bringen und ihnen zeigen, dass sie sich auf uns und unsere Führung verlassen können.

Sozialisierung: mit der Umwelt

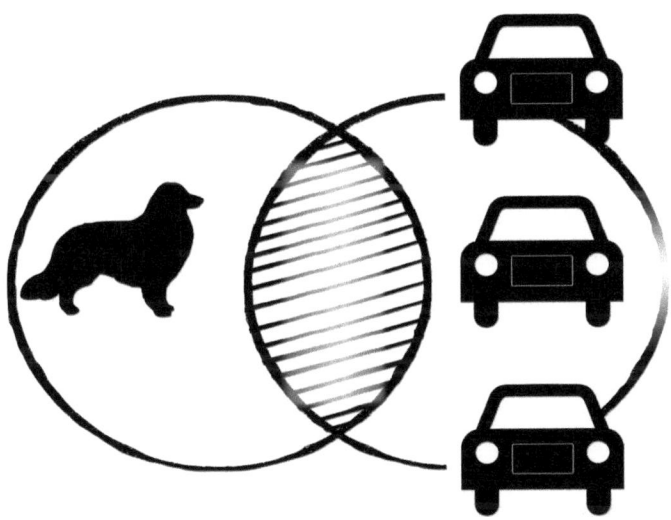

Der Hund muss lernen, dass es in seinem Lebenskreis (links) viele Schnittmengen zu einer durchaus beachtenswerten Umwelt (rechts) gibt. Autos, Radfahrer, Jogger und vieles andere mehr.

Sie sollen keine Jogger, Radfahrer oder Autos jagen, sie sollen nicht an Fremden hoch springen, sie sollen nicht kläffen und zu hause alleine bleiben können. Und und und...

Dafür brauchen sie Erziehung, Führung und Sicherheit.

Ein Hund weiß sehr wohl, wie er sich Futter beschaffen kann, er ahnt meistens, wann er einem Gegner über- oder unterlegen ist und weiß, dass man sich fortpflanzen kann. Er kann Revier von Streifgebiet unterscheiden und weiß im Allgemeinen wann es sich lohnt, eine Ressource zu verteidigen.

Er hat aber keine Ahnung, dass man bei rot nicht über die Ampel gehen sollte und die Autobahn kein Spielplatz für Hunde ist, dass man nicht an jedem hoch springt und Kindern nicht die Brezel klaut.

Kurzum: für unseren Alltag und das soziale Leben mit uns braucht unser Hund Erziehung.

Sozialisierung: mit anderen Hunden

Der Hund muss lernen, dass es in seinem Lebenskreis (links) spätestens beim Gassigehen viele Schnittmengen zu anderen Artgenossen seiner Spezies gibt (rechts), mit denen durchaus auch die eine oder andere Verhaltensregel eingeübt werden muss.

Wie Sie ihn richtig erziehen, ihm Führung und damit auch Sicherheit vermitteln lernen Sie in einer gut geführten Welpengruppe und später Hundeschule. Woran Sie eine solche erkennen, habe ich schon im vorherigen Kapitel beschrieben.

Hunde im Hunderudel brauchen einen Anführer. Allerdings sind die wenigsten Hunde zum Anführer geboren und wer auch immer den Job übernimmt tut dies nur, weil es einer eben machen muss und zwar der, der es wohl am Besten kann.

In unserem Leben mit dem Hund müssen wir Anführer sein. Die Richtung vorgeben heißt aber nicht auf Teufel komm raus den Chef spielen, sondern da wo es nötig ist zu sagen (oder besser zu zeigen) wo es lang geht. Wir geben unserem Hund die lebenswichtigen Ressourcen: Futter, Wasser, manche dürfen sich sogar fortpflanzen, einen Platz zum Schlafen und sicheres Geleit auf der Straße. Es gibt aber Dinge, die unser Hund viel besser kann als wir: hören, riechen, rennen usw.

Trotzdem wird er sich an uns orientieren und auf uns hören, wenn wir ihm eine konsequente aber liebevolle Erziehung angedeihen lassen.

Erziehung oder Dressur – der Unterschied machts!

In der modernen Hundeerziehung hat sich einiges verändert. Wir haben gelernt wie Hunde lernen und die Erziehung entsprechend angepasst. Man weiß, dass Hunde auf positive Verstärkung viel besser und nachhaltiger reagieren als auf positive Bestrafung. Positiv ist hier im Sinne von hinzufügen zu verstehen. Wenn wir also positiv verstärken, heißt das z. B., der Hund hat uns angezeigt, dass er an einem Busch etwas unheimlich interessantes riecht. Anstatt einfach hinzuziehen, zeigt er es uns an. Die Belohnung könnte nun sein, dass wir gemeinsam zu dem Busch hingehen und ein gemeinsames Erlebnis daraus machen. So lernt der Hund, es lohnt sich, nicht gleich an der Leine zu zerren – ich komme trotzdem an mein Ziel und wir stärken außerdem noch die Bindung.

Wenn der Hund zerrt, können wir ihn z. B. durch ein Wurfgeschoss beim zerren unterbrechen, weil er auf Grund des Schreckens stehen bleibt. Gelernt hat er aber nichts, außer dass er die Zeit nutzen muss, bis Frauchen oder Herrchen das Wurfgeschoss aufgehoben haben um es erneut nutzen zu können. Es dient also nur als Unterbrecher, aber ohne dem Hund zu zeigen, was er statt dessen eigentlich tun soll. Das wäre die positive Strafe. Hinzu kam das Wurfgeschoss – aber leider nichts gelerntes. Das einzige was der Hund mit der Zeit lernt ist, dass Frauchen oder Herrchen unberechenbar und somit keine geeigneten Rudelführer sind. Daraus kann sich ergeben, dass ein robuster Hund das Wurfgeschoss mit der Zeit einfach ignoriert, ein ängstlicher Hund sich nur noch hinterm Sofa verkriecht und bei allen besteht die Gefahr, dass sie sich wehren und zubeißen. Das kann nicht Sinn und Zweck der Erziehung sein. Häufig ist die 'Erziehung' über positive Strafe auch nahe am Verstoß gegen § 1 Tierschutzgesetz:

'Zweck dieses Gesetzes ist es, aus der Verantwortung des Menschen für das Tier als Mitgeschöpf dessen Leben und Wohlbefinden zu schützen. Niemand darf einem Tier ohne vernünftigen Grund Schmerzen, Leiden oder Schäden zufügen.'

Was aber ist der Unterschied zwischen Erziehung und Dressur?

Erziehung ist zu Beginn sicher auch ein Stück Dressur. Aber irgendwann lernt der Hund, wenn Frauchen sich mit anderen unterhält, sich zu setzten oder hinzuliegen und Ruhe zu geben – so wie ein Kind nach einigen Ermahnungen lernt, dass man Danke sagt, wenn man etwas geschenkt bekommt. Der Hund lernt in bestimmten Situationen von alleine das Richtige zu tun, ohne dass man ihn erst dazu auffordern muss. Er ist gut erzogen!

Dressur sind die Dinge, die der Hund auf Signal macht (»SITZ«, »PLATZ«, »STEH« usw.) - ohne dass es auf Grund einer entstandenen Situation einen Sinn macht (siehe Beispiel vorheriger Absatz).

In der modernen Hundeerziehung sprechen wir übrigens auch nicht mehr von Befehlen oder Kommandos sondern von Signalen und auch nicht mehr von Trieben sondern von Verhalten (also statt Jagdtrieb – Jagdverhalten, Spieltrieb – Spielverhalten usw.). Dies erklärt sich aus dem verbesserten Verständnis von Hundeverhalten und zeigt auch die Veränderung in der Erziehung an – deutlich hin zum Bessern. Auf dieser Basis kommen wir zu einem wunderbaren Verständnis zwischen Hund und Herrchen/Frauchen und einer liebevollen partnerschaftlichen Beziehung.

Kapitel 10

Für ein harmonisches Familienleben mit Hund

Wenn sich Kinder einen Hund wünschen

Viele Kinder wünschen sich einen Hund. Ergänzend zu den Kapiteln 1 bis 4 hier noch einige Anmerkungen. Zuallererst muss ganz klar sein, dass ein Hund niemals – und schon gar nicht für Kinder - als Geschenk angeschafft werden darf.

Wenn Sie, wie bereits wie in den ersten Kapiteln erwähnt, bereit sind die gesamte Verantwortung für den Hund zu tragen (ein Kind kann das nämlich nicht), können Sie sich überlegen, wie Sie an die Sache herangehen möchten.

Sie könnten ihrem Kind z. B. ein Stofftier schenken, dem es regelmäßig die Mahlzeiten bringt (etwa in Form eines Gummidrops, den es dann mit dem Plüschtier 'teilen' – sprich selbst verzehren darf. Es muss in seinem Zimmer immer ein gefüllter Wassernapf stehen, das Wasser täglich erneuert werden. Das Kind könnte täglich – bei Wind und Wetter, wie es mit dem Hund später auch ist – mit einem Spielzeug für die Dauer des eigentlichen Gassigehens draußen beschäftigt werden.

Sie könnten eine gewisse Zeitspanne vereinbaren, in der das Kind zuverlässig nachweisen muss, dass es den Anforderungen gewachsen ist. Mit dem Versprechen, dann einen Hund auszusuchen und als Sofort-Geschenk ein gutes Hundebuch auf dem Gabentisch könnten Sie dem Kind eine große 'Vorfreude' bereiten.

Die Rangordnung im Familienrudel

Das Thema Rangordnung in der Familie - Kind vor Hund - ist problematisch und oft auch umstritten. Natürlich kommt der Hund im Familienrudel immer an letzter Stelle - doch weiß er das auch? Im 'echten' Rudel in der Natur ergibt sich die Rangfolge aus der physischen und mentalen Stärke der einzelnen Mitglieder und wird immer wieder mal mehr oder weniger heftig neu geregelt. Natürlich wäre es vollkommener Unsinn Kleinkind und Hund das unter sich selbst regeln zu lassen, selbst ein kleiner Chihuahua kann ein Krabbelkind schwer verletzen. Die Konsequenz: die Eltern müssen geschickt eingreifen und die Rangfolge in der Familie regeln. Dennoch: Hunde merken schnell, dass ihnen der krabbelnde, menschliche Vierbeiner in Wirklichkeit nicht überlegen ist. Ein Kind kann sich eben allein physisch gegen den Hund praktisch gar nicht behaupten. Die Eltern können aber die Rangordnung vorleben – wie, lesen Sie im nächsten Abschnitt.

CHECKLISTE

Regeln für den Hund und seine Menschen, um Rangordnung in der Familie praktisch vorzuleben

Rangordnung wird vorgelebt! Dazu müssen Regeln aufgestellt und grundsätzlich immer (!) eingehalten werden.

- Das Kind bekommt immer zuerst sein Essen, erst dann wird der Hund gefüttert - immer Kind vor Hund!

- Der Hund bekommt grundsätzlich keine Reste vom Tisch.

- Das Kind auf dem Arm der Eltern geht zuerst durch eine Tür, dann erst folgt der Hund, immer Kind vor Hund!

- Das selbe gilt auch für den Kinderwagen, immer Kind vor Hund!

- Wenn der Hund sich unerlaubter weise doch zuerst vor drängt, die Situation ganz ruhig korrigieren - alles zurück auf Anfang und solange wiederholen, bis es klappt - den Hund dabei aber niemals beschimpfen oder gar bestrafen sondern belohnen, wenn er es richtig macht (z. B. durch ein Lob).

- Wenn ein Elternteil heimkommt oder Besucher in die Wohnung kommen, wird der Hund zunächst vollständig ignoriert, auch wenn er sich noch so aufdrängt oder kläfft - einfach nicht beachten! Als erstes wird ganz natürlich das 'ranghöhere' Kind begrüßt, der Hund nicht einmal angesehen.

- Danach, wenn der Hund sich wirklich beruhigt hat, kann auch er begrüßt und sogar herzlich geknuddelt werden.

- Für den Hund heißt das: man mag mich ... ist ja schon mal nicht schlecht ... und ich gehöre auch dazu - aber ich komme nicht zuerst.

Geeignete Spiele für Hund und Kinder (je nach Alter) :

- Intelligenzspiele - für den Hund (!) (gibt es im Handel)
- Apportieren z.B. von Spielzeug / Bringspiele
- Versteckte Leckerli suchen, der Hund macht »SITZ« und »BLEIB«, dann etwas in der Wohnung verstecken, auf »SUCH« geht es los
- Pfote geben (rechts, links) mit »GIB PFOTE«
- Give-me-five (wie Pfote geben, nach oben)
- Männchen machen (nur bei kleinen Hunden)
- Häschen machen (wie Männchen aber im Sitzen)
- Rolle machen
- Zerrspiele (nur für ältere Kinder min. 10 Jahre alt und deutlich stärker als der Hund - sonst besser ganz weglassen)
- Frisbee und Ballspielen im Freien
- Dogdancing
- Longieren
- Obedience
- u.v.a.m.

Denken Sie daran: Sie haben dann 2 Kinder die Sie beaufsichtigen müssen – ein zwei- und ein vierbeiniges. Sie müssen jedes dieser beiden noch sehr unbedarften Lebewesen vor der Unbedarftheit des anderen schützen. Der Hund darf niemals mit seinen Zähnen die Haut des Kindes verletzen, darf ihm niemals sein Essen oder sein Spielzeug klauen oder sich auf das Kind legen (es könnte -je nach Alter- ersticken). Umgekehrt müssen Sie darauf achten, dass Ihr Kind den Hund nicht mit einem Spielzeug verwechselt. Es darf ihn nicht an den Ohren oder am Schwanz ziehen, es darf auch umgekehrt dem Hund nicht das Futter oder sein Spielzeug weg nehmen oder ihn ärgern und reizen usw. Sie dürfen NIEMALS Kind und Hund unbeaufsichtigt beieinander lassen, auch nicht für einen ach so kurzen Moment. Denn dies sind immer diese Momente, in denen schlimme Dinge passieren. Was heute noch mit einem Welpen ein ungezogenes Spiel ist, kann morgen beim Junghund oder erwachsenen Hund zum bitterbösen Ernst führen. Bei Kindern wie Hunden ist die Impulskontrolle niemals vollständig ausgereift, nicht einmal bei Erwachsenen, aber diese können eine Situation eher einschätzen.

Ein Hund als Überraschungs-Geschenk ist keine gute Idee... © Fotolia - liliya kulianionak

Kapitel 11

Überlegungen zur Mehrhundehaltung

Grundüberlegungen

Mehrhundehaltung ist derzeit stark in Mode gekommen. Die Annahme, dass Hunde andere Hunde unbedingt brauchen kann aber fatale Folgen haben. Hunde bevorzugen normalerweise den Menschen als Sozialpartner vor ihren eigenen Artgenossen. Freude am gelegentlichen Toben über die Wiese, spielen und wetteifern mit Hundefreunden sollte darüber nicht hinweg täuschen. Sicher ist nicht alles gut, nur weil man es schon immer so gemacht hat – aber es ist auch nicht alles gut, nur weil es gerade in Mode ist. Und gerade die Mehrhundehaltung ist ein solches Beispiel. Leider sind sich die meisten Mehrhundehalter der Probleme die damit verbunden sind erst bewusst, wenn die Hunde bereits angeschafft wurden. Selbst erfahrene Mehrhundehalter können plötzlich verzweifeln, wenn der fünfte Hund sich in die vorhandene 4-Hunde-Meute nicht mehr integrieren lässt.

Künftige Ersthundebesitzer sollten von einer sofortigen Mehrhundehaltung generell absehen. Sie haben mit ihrem ersten Hund so viel um die Ohren und müssen so viel lernen, dass sie mit mehreren Hunden aller Wahrscheinlichkeit nach total überfordert wären.

Wer schon einen Hund hat und sich nun einen weiteren zulegen möchte, sollte hierzu doch einiges beachten.

In den meisten Gemeinden erfolgt eine deutlich erhöhte Hundesteuer. Oftmals kostet der Zweithund das Doppelte, man bezahlt als für 2 Hunde 3-fache Steuer. Selbstverständlich muss man alle Kosten für Futter, Zubehör, medizinische Versorgung usw. entsprechend hochrechnen.

Hinzu kommt die Ungewissheit, wie sich die beiden Hunde später miteinander arrangieren. Generell sollte der Ersthund nahezu perfekt sein, ehe man einen Zweiten hinzu holt. Dann sollten sich beide Hunde bereits auf neutralem Terrain mehrfach treffen und kennen lernen. Wenn sie sich augenscheinlich gut verstehen, kann man ausprobieren, wie der Ersthund auf die 'Beschlagnahmung' seines Reviers durch einen weiteren Hund reagiert. Wenn dies ebenfalls gut funktioniert, sollte man die beiden gut im Auge behalten, evtl. von vornherein durch einen erfahrenen und gut geschulten Hundetrainer begleitet.

Risiken und Folgen

Risiken sind immer, dass der Ersthund sich plötzlich überflüssig fühlt und sich zurück zieht. Oder plötzlich dem Neuankömmling zeigt, wer hier der Herr im Haus ist. Es ist möglich, dass sich ein Hund vom Anderen die schlechten Angewohnheiten abschaut und diese plötzlich auch zeigt. Und es ist möglich, dass Sie selbst plötzlich für Ihren Ersthund uninteressanter werden, weil er ja einen neuen Sozialpartner hat, der immer bei ihm ist.

Mehrhundehaltung kann immer doppelten Stress oder auch doppeltes Glück bedeuten. Sie müssen aber beides einkalkulieren und sollten sich erst dann dafür oder dagegen entscheiden.

Kapitel 12

Wenn der Hund krank wird

Tierarztpraxis oder Tierklinik? Für eine optimale Notfallversorgung ist es unerlässlich dem Hund in kürzester Zeit die medizinisch beste Versorgung zukommen zu lassen. Das rechtzeitige Erreichen von tierärztlicher Leistung in hoher diagnostischer und therapeutischer Qualität ist oft lebensrettend. Es ist für jeden Hundehalter deshalb die Aufgabe, lange vor dem Notfall, sich darüber seine Gedanken zu machen. Tierarztpraxis oder Tierklinik - wohin mit dem schwerverletzten Hund? Diese Dokumentation soll den Hundehalter bei der Entscheidungsfindung unterstützen.

Tierarzt oder Tierklinik

In die kleine Tierarztpraxis drei Straßen weiter oder gleich zur Tierklinik in die Nachbarstadt - schnelle professionelle Hilfe kann für den Hund im akuten Notfall lebensrettend sein. Danach ist für die Genesung nach Notfällen die Möglichkeit einer intensiv-medizinischen Nachbetreuung insbesondere beim Auftreten unerwarteter Komplikationen - nachts oder am Wochenende - ganz wesentlich.

Angenommen, ein Notfall ist eingetreten. Der Hund ist schwerverletzt, vergiftet oder erkrankt. Die Erste-Hilfe Maßnahmen vor Ort wurden geleistet. Der Hund muss jetzt so schnell wie möglich von einem Tierarzt weiter behandelt werden. Es stellt sich nun die Frage: wohin? In die Tierarztpraxis oder in die Tierklinik?

HINTERGRUND-INFO: Tierarzt oder Tierklinik

Eine Tierklinik entspricht einem Krankenhaus in der Humanmedizin,   die Tierarztpraxis dagegen ist vergleichbar mit dem niedergelassenen Arzt in der Humanmedizin, wenn er nicht spezialisiert ist - dem Hausarzt. Deshalb unterscheidet man auch nach Haustierarzt und Tierklinik.

Wenn Sie die Notfallsituation unvorbereitet trifft, müssen Sie in kürzester Zeit entscheiden, wo Sie mit hundertprozentiger Sicherheit einen Tierarzt finden, den Sie auf schnellstem Weg erreichen können und der die optimalen Diagnose- und Therapiemöglichkeiten verfügbar hat. Das bedingt im schweren Notfall meistens einen eigenen Operationssaal, einen versierten Operateur, ein gut ausgestattetes Labor und Personal für die Intensivpflege.

Grundanforderungen für eine optimale Notfallversorgung

Die nachfolgende Checkliste soll ihnen helfen, im Vorfeld eines Notfalls die optimale Versorgung ihres Hundes vorzubereiten. Es ist ideal von Zeit zu Zeit zu prüfen ob die Kriterien einer ursprünglichen Auswahl immer noch zutreffen. Manche Tierklinik wurde schon im Laufe der Zeit zu einer 'normalen' Gemeinschaftspraxis zurück gestuft.

IM ECHTEN NOTFALL - ZUM BEISPIEL EINER VERGIFTUNG: DEN HUND SOFORT IN DIE NÄCHSTE TIERKLINIK BRINGEN

Im Gegensatz zum Tierarzt ist eine Tierklinik verpflichtet eine ständige Dienstbereitschaft zu gewährleisten. Verfügbarkeit der Tierklinik also: 24 Stunden am Tag - 7 Tage die Woche. Ihr Hund kann also auch nachts und am Wochenende versorgt werden. Dennoch sollte man vorher telefonisch den Notfall ankündigen - damit Vorbereitungen getroffen werden können und um keine Zeit zu verlieren. In Tierkliniken gibt es einen Operationssaal. Oft haben Tierkliniken ein größeres Team aus Ärzten und tiermedizinischem Fachpersonal zur Intensivpflege, eine Krankenstation mit Versorgung rund um die Uhr sowie meistens vielfältige Erfahrungen mit schweren Fällen, z.B. Notfallmedizin/Unfälle. In der Regel sind Fachtierärzte in der Klinik tätig. z.B. ein Tierarzt für Orthopädie, ein Tierarzt für Neurologie etc.

Die Ausstattung mit diagnostischen Geräten (MRT, CRT, etc.) ist im Normalfall wesentlich besser, meistens ist ein Labor verfügbar wodurch häufig schnelle zeitliche Verfügbarkeit der Laborergebnisse vorliegen und bei Bedarf ist die stationäre Aufnahme des vierbeinigen Patienten (wie im normalen Krankenhaus in der Humanmedizin) möglich.

Ein Vergleich zur Humanmedizin: kein Rettungsteam würde ein schwerstverletztes Unfallopfer, das sich vielleicht schon im Koma befindet - zu seinem Hausarzt (!) bringen, dort am Wochenende vor der Praxistür auf den Arzt warten, der dann von der Geburtstagsparty angeheitert irgendwann fröhlich erscheint und fragt, warum man den Schwerstverletzten nicht gleich die Klinik gebracht hat, da er in seiner Praxis innere Verletzungen (Milz-, Lungen-, Leberrisse, etc.) auf seinem Röntgengerät eh nicht erkennen kann.

IM NOTFALL :
WARUM DIE TIERARZT-PRAXIS WENN MÖGLICH MEIDEN?

Am Wochenende und außerhalb der normalen Dienstzeit ist die Praxis geschlossen. Auch während der Öffnungszeiten ist die normale Tierarztpraxis schnell überfordert, wenn gerade vor ihrem Hund noch ein weiterer Notfallpatient hereinkommt. Was ist, wenn dann zwei lebensrettende Not-OP's sofort (!) gemacht werden müssen? Der Arzt kann gerade dann im Urlaub, auf Seminar oder selbst krank sein, wenn Sie ihn dringendst brauchen.

Wichtig: Frühzeitig planen! Wo ist Ihre nächste Tierklinik. In ländlichen Bereichen muss vielleicht mangels Tierklinik doch auf eine Notfall-Praxis zurückgegriffen werden. Das müssen Sie aber vorab planen.

CHECKLISTE: NOTFALLPLANUNG

- Wo befindet sich die nächste Tierklinik?

- Wie ist sie per PKW am besten zu erreichen?

- Telefonnummer(n) bereit legen (evtl. im Handy abspeichern)!

- Im Notfall immer vorab die Klinik von dem Notfall (-Transport) unterrichten, auch zu normalen Öffnungszeiten: manche Tierkliniken haben deutlich überfüllte Wartezimmer - unbedingt vorher den Notfall telefonisch ankündigen - dann kommt ihr Hund sofort dran. Wenn möglich auch von unterwegs den Zwischenstand melden ... "Wir sind in spätestens 10 Minuten da!"

BEI NORMALEN GESUNDHEITSTHEMEN:
ZUM TIERARZT ODER KLINIK NACH IHRER WAHL

- Impfungen

- normale Krankheiten bzw. Weiterbehandlung nach OP etc.

- Laboruntersuchungen ohne Zeitdruck (die Tierarztpraxis schickt die Proben meistens an ein externes Labor)

- etc.

Wenn Sie sich auch bei einem Notfall für den Haustierarzt entscheiden: den Tierarzt unbedingt vorab informieren

- vorab mit Tierarzt telefonisch Kontakt aufnehmen, evtl. kann das ein Helfer machen

- falls die Tierarztpraxis nicht besetzt sein sollte, gibt es i.d.R. eine Bandansage mit einen Hinweis auf den aktuellen Notdienst.

- sicherstellen, dass die Praxis oder Klinik geöffnet hat.

- sicherstellen dass der Arzt den Notfall erwartet und sofort Zeit hat.

Folgendes muss der Tierarzt möglichst vorab wissen

- ○ was ist passiert
- ○ wann ist es passiert
- ○ welche Verletzungen hat der Hund
- ○ welche sonstigen Auffälligkeiten

Fahrt in die Tierklinik / zum Tierarzt

Die Fahrt zum Tierarzt sollte so schnell wie möglich erfolgen, ohne dass man dabei aber unnötige Risiken auf sich nimmt. Wenn man selbst zu aufgeregt zum Autofahren ist sollte man jemand anderen bitten, dies zu übernehmen. Idealerweise ist während der Fahrt eine Begleitperson beim Hund, die ihn betreut, beruhigt und z.B. Kratzen oder Beißen an der Wunde verhindert. Wenn sich gar keine Transportgelegenheit bietet und der Hund zu sterben droht, muss man sich überlegen bei der Feuerwehr (Tel.112) anzufragen.

Kapitel 13

Gefahrenquellen erkennen und vermeiden

In unserem alltäglichen Zuhause gibt es viele Gefahrenquellen für einen neugierigen Hund, denen wir uns oft gar nicht bewusst sind. Daher gilt es, die Wohnung in der unsere Fellnase später einmal umher streift gründlich zu überdenken und alle vermeidbaren Gefahrenquellen auszuschließen oder zu entschärfen.

Häufige Gefahrenquellen in der Wohnung sind:

- Treppen: steile und lange Treppen sollte man ggf. mit einem Kindergitter/Türschutzgitter absichern

- Küche generell: In der Küche gibt es so viele Gefahrenquellen, dass der Hund am Besten die Küche gar nicht betritt. Z. B. fällt ein spitzes Messer herunter, heißes Kochwasser schwappt über, ein Glas geht auf dem Steinboden zu Bruch, etc.

- Pflanzen: Giftige Pflanzen gehören nicht in einen Hundehaushalt. Deshalb alle entfernen. Wenn Sie beobachten, dass Ihr Hund gerne an Pflanzen knabbert, sollten Sie sich überlegen ggf. sogar auf ihre geliebten Topfpflanzen (zumindest in den meisten Zimmern, nämlich überall dort, wo der Hund freien Zugang hat) zu verzichten und diese zu verbannen und evtl. durch garantiert ungiftige Pflanzen ersetzen.

- Auch im Garten ist höchste Vorsicht angesagt. Siehe dazu auch im Anhang der Bereich 'Giftige Pflanzen'!

- Elektrokabel und Steckdosen: Elektrokabel kann man hinter Schränken verlegen und da wo keine Schränke sind in Kabelschächten. Das hat den zusätzlichen Effekt, dass es auch noch schöner aussieht. Steckdosen sollte man mit Steckdosenabdeckungen (Kindersicherungen) sicher machen.

- Alles was trink- und fressbar ist: Egal ob Haushaltsreiniger oder sonstige Chemikalien – alles muss für den Hund unzugänglich verschlossen aufbewahrt werden. Am besten oben in einem Schrank oder auf einem hohen Regal. Denken Sie auch im Garten und in der Garage daran, alles weg zu räumen was der Hund nicht 'probieren' sollte. Aber nicht nur giftiges – auch ungeeignetes Spielzeug, Ihre geliebten Schuhe oder Dinge die kaputt gehen können (z. B. die Vase auf dem Deckchen, das ein neugieriger Hund bestimmt herunter zieht) sollten Sie die ersten Wochen wegräumen.

Gefahrenquellen im Garten:

- Machen Sie auch ihren Garten hundesicher. Überprüfen Sie deshalb den Garten aus Hundesicht!

- Schließt die Gartentür zuverlässig? Bitte auch darauf achten, dass evtl. Besucher die Türen immer schließen!

- Gibt es ein Loch im Zaun?

- Könnte sich der Hund unter dem Zaun durch graben? Dann müssen Sie diese Stelle z.B. mit Betonsteinen oder einem stabilen Brett gesondert sichern

- Haben Sie ein Gewässer (z. B. Seerosen- oder Fischteich, Planschbecken für die Kinder oder sogar einen Swimmingpool)? Diesen bitte mit einer Umzäunung o.ä. sichern.

- große Pflanzgefäße so aufbewahren, dass der Hund nicht z. B. unter einem umgestülpten Pflanzgefäß 'verloren' gehen kann.

- Gartengeräte sicher aufbewahren

- Pflanzenbestand auf Giftpflanzen überprüfen

- Bestimmt fällt Ihnen, wenn Sie durch Ihren Garten oder Ihre Wohnung streifen, selbst noch das ein oder andere auf. Legen Sie sich eine Checkliste bereit und arbeiten Sie diese sorgfältig ab. Es geht um die Gesundheit und das Überleben Ihres kleinen Lieblings.

- Bringen Sie ein Warnschild an der Gartentüre an. Möglicherweise hält es doch den einen oder anderen unerwünschten Besucher ab oder verhindert zumindest, dass jemand unautorisiert die Gartentür öffnet und der Hund unbemerkt das Grundstück verlässt.

Gefährliche Lebensmittel für Hunde

Weil es ein so wichtiges Thema ist und gerade Neu-Hundebesitzer damit noch keine Erfahrung haben, möchte ich Ihnen nachfolgend noch die gefährlichsten Lebensmittel für Hunde auflisten:

Schokolade

In Schokolade ist über den Kakao-Anteil der Wirkstoff Theobromin enthalten, der für Hunde giftig ist.

Menschen besitzen ein Enzym, das Theobromin schnell abbaut - der Hund dagegen hat das Enzym mit dieser Eigenschaft nicht und ist der Wirkung von Theobromin in seinem Körper längere Zeit ausgesetzt. Dies kann zu einer Theobrominvergiftung führen. Die Wirkungen des Theobromin auf den Hund sind u.a.: Erbrechen, Durchfall, erhöhter Puls, Unruhe, Zittern, Krampfanfälle bis zum Atemstillstand.

Wie bei allen Giften kommt es auf die Dosis an: ein kleiner Hund und eine große Menge Schokolade mit einem hohem Kakaoanteil sind gefährlich. So ist in Block- und Zartbitterschokolade der Kakaoanteil am höchsten, Milchschokolade enthält weniger, weiße Schokolade am wenigsten.

Wann es wirklich lebensgefährlich wird hängt also von vielen Unwägbarkeiten und Faktoren ab. Bereits an einer einzigen Tafel dunkler Schokolade kann ein 24 Kilogramm-Hund sterben!

Deshalb gilt: Schokolade ist für unsere Hunde tabu!

Weintrauben

Dass Trauben für Hunde ungesund oder gar giftig sind und die Nieren schwer schädigen können, ahnen die meisten Hundebesitzer nicht. Welche Wirkstoffe genau zur Weintraubenvergiftung führen ist wissenschaftlich noch nicht bekannt. Besonders gefährlich ist es, wenn der Hund den nach dem Keltern der Trauben angefallenen Trester frisst, der zum Beispiel in Weinbergen ausgebracht wurde. Die schädlichen Wirkstoffe in Weintrauben können bei einem Hund zu Durchfall, Erbrechen bis hin zum Nierenversagen führen. Erste Symptome der Weintraubenvergiftung können bereits nach Aufnahme von 10 Gramm Trauben je Kilo Körpergewicht auftreten.

Rosinen

Rosinen sind getrocknete Traubenbeeren. Auch im getrockneten Zustand bleiben Traubenbeeren schädlich. Bei einer Trauben-Nuss-Schokolade kommen die negativen Wirkungen von Rosinen bzw. Trauben mit dem Theobromin der Schokolade zusammen - siehe auch Schokoladen-Vergiftung.

Zwiebeln

Die Zwiebel enthält eine Vielzahl von Wirkstoffen, u.a. N-Propyldisulfid und Allylpropylsulfid. Dabei ist es egal, ob Zwiebeln roh, getrocknet als Zwiebelpulver oder gekocht aufgenommen werden. Diese Wirkstoffe können die roten Blutkörperchen (Erythrozyten) im Blut des Hundes angreifen und zerstören (Hämolyse). Es gibt dabei keinen Schwellwert; auch bei geringen Mengen setzt diese Wirkung schon ein. Das gilt übrigens für alle Zwiebelgewächse so wie auch die Laucharten (s.u. Knoblauch).

Kaffee

Der für den Hund gefährliche Inhaltsstoff im Kaffee bzw. Koffein ist Methylxanthin. Methylxanthin erhöht den Blutdruck, beschleunigt den Puls, verengt die Blutgefäße und vermindert die Reizschwelle der Nerven im Gehirn. Dadurch kann es zu Erbrechen und Durchfall kommen. Bei höherer Dosis zu Unruhe, Zittern und Krampfanfällen, bei sehr schweren Fällen einer Koffeinvergiftung zu lebensbedrohlichen Herzrhythmusstörungen.

Deshalb gilt: Kaffee ist für Hunde tabu!

Knoblauch, Bärlauch und Schnittlauch

Für die verschiedenen Lauch-Arten der Gattung Allium gilt dasselbe wie für die Gartenzwiebel.

Nüsse

Nüsse sollten Hunde grundsätzlich nicht fressen.

Süßstoff

Süßstoff sollten Hunde grundsätzlich nicht fressen. Der Wirkstoff Xylitol kann beim Hund die Leber schädigen und zu Unterzuckerung führen. Xylit ist in einigen zuckerfreien Süßigkeiten, in Bonbons und Kaugummis enthalten.

Kakao

In Kakao ist Theobromin enthalten, das ist Gift für den Hund – siehe Schokolade

Bohnen und andere Hülsenfrüchte

Im ungekochten Zustand enthalten Bohnen, Linsen und andere Hülsenfrüchte für Mensch und Hund schädliche Stoffe. Der Inhaltsstoff Phasin ist Gift für den Hund und äußert sich u.a. mit Erbrechen und Bauchkrämpfen bis zum blutigen Durchfall.

Durch das Kochen wird Phasin unschädlich gemacht.

Pilze

Pilze gehören grundsätzlich nicht in die Futterschüssel! Niemand kann sicher (!) sagen, wie die Inhaltsstoffe eines Pilzes ganz spezifisch auf den Organismus von Hunden wirken: langfristig blutzersetzend, krebserregend, nieren- oder leberschädigend. Gerade als Pilzsammler mit Bestimmungsbuch weiß man über die gefundenen, seltenen Pilze und ihre Wirkung auf Hunde oft gar nichts. Neben den bekannten Giftwirkungen sind deshalb immer auch je nach Pilzart ganz spezielle, vielleicht sogar wissenschaftlich noch gar nicht bekannte toxische Wirkungen auf den Hund zu befürchten.

Hunde würden von sich aus keine Pilze fressen!

Avocado

Avocados enthalten den für Hunde giftigen Wirkstoff Persin. Persin kann Herzmuskelschäden hervorrufen und zum Tod führen.

Alkohol

Alkohol ist Gift. Für manche Menschen ist Alkohol ein gesellschaftlich akzeptiertes Rauschmittel und Genussgift; für Hunde gilt das nicht!

Alkohol kann für Hunde tödlich sein - je nach aufgenommener Menge und Alkoholgehalt. Manche eigentümlichen Menschen finden es dennoch lustig einen Hund zu alkoholisieren. Dabei ist es ein Giftanschlag auf den Hund, ihm Bier, Schnaps, Wein oder andere Alkoholprodukte zu geben. Die Folgen einer Alkoholvergiftung sind je nach Dosis Erbrechen, Koordinationsstörungen, Atemnot, Koma, Tod. Alkohol wirkt insbesondere auf die Leber giftig.

Deshalb gilt: Alkohol ist für Hunde tabu!

Schweinefleisch

Ungekochtes oder schlecht gegartes Schweinefleisch kann mit dem Aujetzky-Virus infiziert sein, mit tödlichen Folgen für den Hund. Beim Menschen ist das Aujetzky-Virus harmlos. Auch Mettwurst und Schinken sind in diesem Sinne Risiko-Nahrungsmittel für den Hund. Ab einer Gar-Temperatur von 60° C Grad wird das Virus abgetötet - durch Räuchern allein wird das Virus allerdings nicht vernichtet!

Symptome sind Juckreiz, Erbrechen, Unruhe, Appetitlosigkeit, Fieber. 24 bis 36 Stunden nach dem ersten Auftreten der Symptome des Aujetzky-Virus kann der Tod eintreten!

Salz

Der Hund darf kein zusätzliches Salz zugeführt bekommen. Salz ist u.a. in Knabbergebäck aber auch Speiseresten enthalten. Kochsalz muss über die Nieren ausgeschieden werden und gehört grundsätzlich nicht in den Futternapf. Hunde mit Herz- und Nierenschwäche werden besonders belastet.

Anmerkung: in einigen Schonkostrezepten für Hunde ist Salz vorgesehen - Salz als Bestandteil der Ernährung ist lebensnotwendig und im Rahmen eines Ernährungskonzeptes daher ok.

Brokkoli

So gesund das Gemüse für uns Menschen auch ist, für die Verdauung des Hundes ist es eine Belastung. Es ist für den Hund zwar nicht direkt toxisch, reizt aber den Darm.

Der Wirkstoff im Brokkoli ist Isothiocyanatist.

Tee

Schwarzer und grüner Tee enthält wie Kaffee als Wirkstoff Coffein. Der in diesen Tees enthaltene Wirkstoff wird auch als Teein, Thein oder Tein bezeichnet und entspricht dem Coffein - diese Tees sind daher für den Hund verboten.

Knochen, insbesondere Geflügelknochen

Knochen sind grundsätzlich natürlich kein Gift, obwohl sie erhebliche Schäden hervorrufen können, z. B. Knochenkot.

Hühnerknochen können splittern und den Verdauungstrakt des Hundes schwer verletzen.

Kohl

Kohlarten rufen Blähungen hervor. Kohl ist zwar nicht giftig - aber zumindest eine vermeidbare Quelle für quälende Blähungen für den Hund und übelriechender Luftemissionen für den Menschen.

Milch und Milchprodukte

Die Unverträglichkeit gegen Milchprodukte (Laktose-Unverträglichkeit) ist auch bei Hunden ein Thema. Laktose-Unverträglichkeit führt zu Blähung und Durchfall. Milch und Milchprodukte (mit Laktose) sind zwar nicht giftig - aber doch zumindest eine vermeidbare Quelle für quälende Beschwerden

Verdorbene Lebensmittel

Hunde vertragen zwar mehr als wir Menschen - aber trotzdem sollte die Futterhygiene sehr ernst genommen werden. Verschimmelte Nahrungsreste, halb volle Futternäpfe in der Sonne können zu einem Brutherd für Bakterien werden. Im harmlosen Fall führen die verwesenden Nahrungsmittel nur zu unangenehmen Mundgeruch. Im Extremfall können aber verdorbene Lebensmittel - auch beim Hund - zu einer Nahrungsmittelvergiftung führen.

Zigaretten und Zigarettenkippen

Zigaretten sind natürlich keine Lebensmittel im engeren Sinne - obwohl das mancher Raucher anders sehen könnte. In Hunde-Nähe haben Zigaretten -

brennend, als ausgedrückte Kippen oder in der ganzen Schachtel -, Tabak und Tabakprodukte nichts zu suchen. Nikotin wirkt als Nervengift. Insbesondere bei Welpen kann Nikotin bis zum Kreislaufkollaps führen. Ihr Welpe interessiert sich brennend für alles was Sie sich in den Mund schieben. Aschenbecher und Zigarettenschachteln müssen deshalb immer außerhalb der Reichweite des Hundes sein!

Cola, Energy-Drinks und andere Coffein-haltige Getränke

Der für den Hund gefährliche Inhaltsstoff im Koffein ist Methylxanthin.

Methylxanthin erhöht den Blutdruck, beschleunigt den Puls, verengt die Blutgefäße und vermindert die Reizschwelle der Nerven im Gehirn. Es kann zu Erbrechen und Durchfall kommen. Bei höherer Dosis zu Unruhe, Zittern und Krampfanfällen. Bei sehr schweren Fällen einer Koffeinvergiftung: lebensbedrohliche Herzrhythmusstörungen. Deshalb gilt: Cola, Energy-Getränke und andere Coffein-haltige Getränke sind für Hunde tabu!

Stark gewürzte Speisen und Speisereste

Grundsätzlich sollte der Hund überhaupt nichts Gewürztes zu Fressen bekommen. Stark gewürzte Speisen (Pfeffer, Chili, Curry, Muskatnuss, etc.) sind für seine empfindlichen Sinne viel zu intensiv.

Geflügelfleisch

Geflügelfleisch muss wegen der Salmonellengefahr (Salmonellose) grundsätzlich sehr gut durchgegart werden!

Medikamente

Medikamente sind natürlich keine Nahrungsmittel - nur leider sieht das unser Hund möglicherweise anders. Medikamente müssen deshalb strikt außerhalb der Reichweite des Hundes aufbewahrt werden und dürfen auch in der Verpackung niemals herumliegen! Die Einnahme sollte im Bad stattfinden, wenn der Hund draußen ist: fällt jetzt eine Tablette zu Boden ist sie nicht gleich verschluckt.

Medikamente aus der Humanmedizin dürfen niemals ohne Absprache mit dem Tierarzt dem Hund gegeben werden. Nicht einmal Hustensaft!

Die nachfolgende Liste gefährlicher Medikamente für den Hund ist nur eine kleine Auswahl:

- o Aspirin (Acetylsalizylsäure, ASS) – Organschäden, wirkt bei hoher Dosis tödlich
- o Paracetamol – führt zu Magenblutungen und Leberschäden
- o Ibuprofen – Orientierungsstörungen, Erbrechen
- o Diclofenac – Blutungen, Erbrechen und Durchfall

Medikamente herumliegen zu lassen oder in Gegenwart des Hundes einzunehmen, ist gefährlich - weil der Hund die giftige Dosis sofort gefressen hat. Das kann so schnell gehen, dass wir nicht wissen ob die herunter gefallene Pille unter der Schrankwand oder im Magen unseres Hundes verschwunden ist.

Deshalb niemals Medikamente herumliegen lassen!

Obstkerne, Steinobst

Steinobst ist in unseren Streuobstwiesen und Gärten sehr verbreitet. Zum Steinobst gehören u.a. Aprikosen, Mirabellen, Pflaumen, Kirschen und Pfirsiche. In den Obstkernen sind Cyanverbindungen wie Blausäure und Cyanide enthalten. Wenn der Hund diese Kerne zerbeißt und verschluckt, können die Gifte freigesetzt werden.

Die Folge der Blausäure können schwere neurologische Störungen sein.

Nachtschattengewächse: rohe Kartoffeln, Auberginen, Tomaten

Nachtschattengewächse wie Kartoffeln, Auberginen, Tomaten enthalten den Wirkstoff Solanin. Der Giftstoff Solanin ist für den Hund giftig und bewirkt u.a. Erbrechen und Durchfall. Besonders die grünen Stellen enthalten das Gift (z.B. an der Kartoffel die grünen Austriebstellen).

Deshalb die grünen Stellen bei diesem Gemüse herausschneiden – das gilt übrigens auch für Menschen!

Mandeln

Mandeln enthalten Blausäure. Blausäure hat den typischen Mandelgeschmack. Die Blausäure wirkt als Nervengift.

Rohe Eier

Das Eiklar vom rohen Ei hemmt die Aufnahme von Biotin. Andere Bezeichnungen für Biotin: Vitamin B7 oder Vitamin H. Biotin spielt beim Kohlenhydrat-, Eiweiß- und Fettstoffwechsel eine wichtige Rolle. Vom rohen Ei nur den Eidotter zu füttern ist jedoch ok. Besser ist es, nur hart gekochte Eier zu füttern. Hart gekochte Eier vermindern zudem das Risiko einer Salmonellen-Infektion.

Grenzwertige Nahrungsmittel: Rhabarber & Co

Neben der oben dargestellten Liste der eindeutig giftigen Lebensmittel für den Hund gibt es Grenzbereiche mit widersprüchlichen Angaben. Eine dieser Grenzfragen: Ist Rhabarber giftig für den Hund? Antwort: Im Prinzip - Ja, denn Rhabarber besitzt Giftstoffe in den Blättern. Nur essen wir Menschen vom Rhabarber nicht die Blätter sondern verarbeiten nur die Stängel. Insofern als giftiges menschliches Lebensmittel – Nein.

Aber zur Sicherheit klare Verhältnisse: der Hund braucht keinen Rhabarber zum Leben - und aufgrund der Unklarheit ist Rhabarber für den Hund ein Tabu!

Hunde-Spielzeug aus Weichplastik

Als Mensch würde man Spielzeug nicht zu den Nahrungsmitteln zählen - als Hund dagegen schon. Manches Spielzeug landet ganz oder in Teile zerbissen im Magen unseres Hundes. Diese können als Fremdkörper im Verdauungstrakt auch ernsthafte Probleme machen.

Die Weichmacher im Plastik und auch andere (undefinierte) Zusatzstoffe können durch die Magensäure und andere Verdauungssekrete aus dem Kunststoff heraus gelöst werden.

Deshalb kein Weichplastik in Kiefernähe des Hundes, unkaputtbare Spielzeuge verwenden und statt Weichplastik-Spielzeuge solche aus Latex. Im Zweifel kann man sich im guten Fachhandel beraten lassen.

Weitere Gifte und Gefahren in Haus, Garten und unterwegs

Da wir nun schon bei gefährlichen Lebensmitteln sind, möchte ich Ihnen an dieser Stelle weitere Gefahrenquellen nicht vorenthalten:

Vergiftungsgefahren im Heim

- Medikamente
- Drogen
- Haushalts-Chemie (Reinigungsmittel, Waschmittel, Lösungsmittel, Farben, etc.)
- Giftpflanzen, giftige Zimmerpflanzen
- Frostschutzmittel

Vergiftungsgefahren in der Garage

- Haushalts-Chemie (Reinigungsmittel, Waschmittel, Lösungsmittel, Farben, etc.)
- Frostschutzmittel (der Wirkstoff Glysantin kann unbehandelt irreparabel, schwerste Nierenschäden verursachen)

Info: Besondere Vorsicht gilt im Bereich intensiv genutzter Agrarflächen, zum Beispiel am Rand von Weizen- oder Maisfelder. Dünger, Herbizide, Insektizide, Fungizide, etc. sind gerade am Feldrand oft stark konzentriert, weil hier der Bauer beim Ausbringen der Agrarchemie mit seinem Traktor anhält oder wendet. Lassen Sie hier den Hund kein Gras fressen und schon gar nicht aus Pfützen trinken.

Vergiftungsgefahren beim Gassi-Gehen und Freilauf

Giftköder, Rattengift, Schneckenkorn, Dünger, Blaukorn, Herbizide, Insektizide, Fungizide, Pestizide - insbesondere auch hochkonzentriert in Pfützen am Feldrand, Giftpflanzen, Aufnahme von vergifteten Mäusen, Ratten, Maulwürfen, Spitzmäusen, Heuschrecken, Insekten, etc. die eine tödliche Dosis Gift in sich tragen, Abfälle unbekannter Zusammensetzung

Wenn der Hund beim Gassigang oder Herumstöbern beim Freilauf auf eine unserer einheimischen Giftschlangen stößt, kann es zum Angriff kommen.

Feuerwerksreste: Vergiftungs- und Verletzungsgefahren nach Silvester

Nach Silvester liegen an manchen Straßenecken ganze Berge abgebrannter Feuerwerkskörper und auch gefährliche Glasscherben herum. Aber auch in Parks und auf Wiesen verteilt und oder in Gebüschen versteckt finden sich oft Feuerwerksreste. Manchmal sind Fehlzünder dabei mit vollständigem chemisch brisantem Inhalt.

Manche Feuerwerksartikel sind illegal nach Deutschland eingeführt worden und entsprechen nicht unseren gesetzlichen Anforderungen. Die Zusammensetzung kann u.a. sein: Schwefel, Schwarzpulver, Metallpulver, Salpeter (Kaliumnitrat), Schwermetall-Beimengungen für die Flammenfärbungen, Quecksilberfulminat, Kaliumperchlorat, Quecksilberthiocyanat, Silberfulminat in Knallerbsen. Beim Fund von Resten möglicherweise illegal hergestellter Böller kann aber alles mögliche an Chemie anzutreffen sein.

Prävention: Jeder Kontakt des Hundes mit diesen Stoffen sollte von vornherein vermieden werden: Lassen Sie deshalb ihren Hund in den ersten Tagen nach Silvester nicht frei laufen, danach nur unter absoluter Kontrolle. Nach der ersten längeren Regenperiode entschärft sich die Situation.

Bitte denken Sie daran: ich habe Ihnen nun schon viele Gefahrenquellen für Ihren Hund aufgezählt. Es gibt bestimmt noch viele mehr - checken Sie Ihre Umwelt – überprüfen Sie sie auf Gefahrenquellen!

FÜR DEN HUND GIFTIGE ZIMMERPFLANZEN

Die nachfolgende Liste der für den Hund giftigen Zimmerpflanzen erhebt keinen Anspruch auf Vollständigkeit. Gerade auch durch Neuzüchtungen sind hier immer wieder veränderte Giftpflanzenvertreter zu erwarten. Im Zweifelsfall gilt: eine Pflanze die nicht definitiv als ungiftig gilt, hat in der Nähe des Hundes nichts zu suchen und gehört nicht ins Haus.

Hierzu gehören u.a.:

- Agave
- Alpenveilchen
- Amaryllis
- Azalee
- Birkenfeige, Würgefeige und alle anderen Ficusarten
- Christstern, Christdorn
- Chrysantheme
- Clivie
- Datura
- Dieffenbachie
- Efeutute

- Flamingoblume
- Fensterblatt
- Geranie
- Gummibaum
- Herzblatt
- Hortensie
- Lilien (alle Arten)
- Oleander
- Orchideen (alle Arten)
- Passionsblume
- Philodendron
- Weihnachtsstern
- u.v.m.

Manchmal ist Matschwetter sogar unseren Hunden zuviel ...

© Fotolia - Sabine Schönfeld

DIE ANTI-GIFTPFLANZEN-STRATEGIE: ALLES WAS NICHT NACHGEWIESENER MASSEN UNGIFTIG IST - FLIEGT RAUS

Aufgrund der Vielfalt der Giftpflanzen ist der Kauf eines Pflanzenbestimmungsbuches empfehlenswert. Es gibt unglaublich viele giftige Pflanzen und Zuchtformen daraus. Häufig können selbst in den Bestimmungsbüchern nicht alle Pflanzen und deren Zuchtvarianten abgebildet werden. Im Zweifelsfall gilt: Finger weg, nicht kaufen! Bei einem Fehlkauf einer Pflanze verschenken wir diese einfach. Als verantwortliche Hundehalter haben wir schlichtweg die Pflicht, vorausschauend die möglichen Vergiftungsquellen von unserem Hund fern zu halten. Zumal was im Pflanzenbestimmungsbuch nicht als giftig bestimmt wurde für unseren Hund trotzdem unverträglich sein kann.

FÜR DEN HUND GIFTIGE GARTENPFLANZEN

Im Zweifelsfall gilt: eine Gartenpflanze die nicht definitiv als ungiftig gilt, hat in der Nähe des Hundes nichts zu suchen und gehört nicht in den Garten; selbst oft gepflanzte Bäume wie die Eibe und Thuja sind giftig. Hier eine Auswahl giftiger Pflanzen:

- Blauer Eisenhut
- Buchsbaum
- Buschwindröschen
- Eibe
- Engelstrompete
- Eisenhut
- Fingerhut
- Geißblatt
- Goldregen
- Herbstzeitlose
- Hyazinden
- Hortensie
- Kirschlorbeer
- Maiglöckchen
- Oleander
- Osterglocken
- Rittersporn

- ○ Rhododendron
- ○ Schierling
- ○ Thuja
- ○ Tollkirsche
- ○ Wacholder
- ○ Zeder
- ○ u.v.m.

FÜR DEN HUND GIFTIGE PFLANZEN AUS DER FREIEN NATUR

Die nachfolgenden Giftpflanzen aus der freien Natur können natürlich auch unsere Gärten als Wildpflanze besiedeln und sind deshalb auch als potentielle, giftige Gartenpflanze mit zu berücksichtigen:

- ○ Aronstab
- ○ Bilsenkraut
- ○ Bittersüßer Nachtschatten
- ○ Eibe
- ○ Gefleckter Schierling
- ○ Goldregen
- ○ Herbstzeitlose
- ○ Hyazinthen

- ○ Maiglöckchen

- ○ Osterglocken

- ○ Pilze

- ○ Pfaffenhütchen

- ○ Rainfarn

- ○ Riesenbärenklau

- ○ Tollkirsche

- ○ Wiesenbärenklau

- ○ u.v.m.

HINWEIS ZU PILZEN

Jeder Pilz stellt ein Risiko dar. Selbst aus der Tatsache, dass bestimmte Pilze für Menschen essbar sind, kann nicht zwangsläufig geschlossen werden, dass dies auch für den Hund gilt. Die Inhaltsstoffe mancher für Menschen harmloser Lebensmittel sind für Hunde giftig. So kann zum Beispiel Schokolade beim Hund eine schwere Schokoladen-Vergiftung durch den Wirkstoff Theobromin) hervorrufen. Was die giftigen Wirkstoffe in vielen Pilzarten angeht, sind die Folgen auf Hunde sicher oft gar nicht ausreichend untersucht. Deshalb sind Pilze für Hunde grundsätzlich tabu (siehe auch Liste der giftigen Nahrungsmittel) und sollten im Garten sicherheitshalber entfernt werden.

FÜR DEN HUND GIFTIGE SPEISEPFLANZEN:

Es gibt auch Pflanzen, die wir für den eigenen Verzehr anbauen, die jedoch für unseren Hund giftig sind. Hierzu zählen:

- Weintrauben
- Bärlauch
- Knoblauch
- Schnittlauch
- Zwiebeln
- Kern- und Steinobst (herunter gefallene Früchte)
- Auberginen
- Tomaten
- Bohnen (roh)
- Kartoffeln (roh)
- Nüsse
- uvm.

ANHANG

Hunderassen - Auflistung nach Größe und Gewicht

Auch die Größe und das Gewicht sind bei der Entscheidung für einen Hund nicht unerheblich. Wenn man - gerade bei Hundeanfängern - davon ausgeht, dass doch der eine oder andere Erziehungsfehler gemacht wurde, sollte man den Hund, wenn er einmal ausgewachsen ist, auch halten können, wenn er z. B. in die Leine geht. Deshalb möchte ich Ihnen noch eine weitere Auflistung nach Größe und Gewicht vorstellen:

Hunderasse	von Gewicht	bis Gewicht	von Schulter-Höhe	bis Schulter-Höhe
Afghane	20	30	63	74
Airdale Terrier	20	25	56	61
American Staffordshire	15	17	43	48
Barsoi	35	48	68	75
Basset	18	30	33	38
Bearded Collie	20	28	51	56
Beagle	10	18	33	41
Berger de Brie	20	30	56	68
Berner Sennenhund	40	50	60	72
Bernhardiner	75	85	65	91
Bobtail	30	35	56	61
Boxer	25	30	53	63
Briard	20	36	56	68
Bullterrier	20	30	40	55
Cairn-Terrier	6	10	28	37
Chihuahua	1	3	15	23
Chow-Chow	25	30	46	56
Cocker-Spaniel	12,5	14,5	38	41

Collie	25	30	51	61
Dalmatiner	24	32	54	61
Dackel	3	10	18	23
Deutsche Dogge	50	90	72	> 80
Deutsch Langhaar	27	30	63	70
Deutscher Schäferhund	22	40	55	65
Dobermann	32	45	63	72
Englische Bulldogge	22	25	31	40
Foxterrier	6,8	8,2	35	39
Golden Retriever	30	40	51	61
Greyhound	25	33	68	74
Hovawart	30	40	58	70
Irish Setter	25	30	61	68
Irish Wolfhound	40	55	71	85
Kleinspitz	3	4	23	28
Komondor	40	60	65	> 70
Kuvasz	37	62	66	76
Labrador	28	35	54	57
Leonberger	50	70	65	80
Lhasa Apso	5	7	24	28
Malteser	3	4	20	25

Mastiff	75	100	70	91
Münsterländer (klein)	20	25	50	60
Münsterländer (groß)	25	29	58	65
Neufundländer	50	65	62	75
Pekinese	3,5	6	15	25
Rottweiler	40	60	55	68
Schnauzer (mittel)	15	17	45	50
Scottish Terrier	8,5	10,5	25	28
Shar-Pei	18	30	46	51
Shelti	7	8	30,5	37
Shih Tzu	5	8	25	27
Siberian Husky	20	24	51	60
Staffordshire Bullterrier	11	17	35	40
West Highland Terrier	7	10	25	28
Whippet	10	15	44,5	47
Wolfsspitz	18	28	43	55
Yorkshire Terrier	1,5	3	22	24
Zwergspitz	2	3	22	26

Da wir letztendlich nicht daran vorbei kommen, dass wir doch - ganz oberflächlich – bei unserem zukünftigen Hund auch auf das Aussehen achten (schließlich gefällt nicht jedem alles), macht es Sinn, sich erst einmal alle Hunde auszusuchen, die einem vom Aussehen her gefallen. Dann kann man sich mit der Rasse im Speziellen beschäftigen und aussortieren, welcher Hund dann auch noch auf Grund seiner Eigenschaften und Bedürfnisse passt. Am Schluss sollte dann der passende Hund stehen.

Es gibt viele Hundebücher in denen die Rassen besprochen werden. Kaufen Sie sich solche Bücher, gehen Sie diese Bild für Bild und dann Rasse für Rasse und die dazugehörige Beschreibung durch. Wenn sie die Auswahl auf wenige Rassen eingegrenzt haben machen Sie Nägel mit Köpfen. Besuchen Sie Züchter, fragen Sie Halter und lesen Sie in Internetforen (hier gilt es aber die Spreu vom Weizen zu trennen).

Denken Sie auch an die rassespezifischen Erkrankungen. Sie haben bestimmt schon von der Dackellähme gehört, die i.d.R. durch Bandscheibenvorfälle bedingt durch die zu lange Wirbelsäule verursacht werden. Oder von der HD (Hüftdysplasie) bei Schäferhunden, bedingt durch den abfallenden Rücken oder Taubheit (zumindest auf einem Ohr bei ca. 4 %) beim Dalmatiner, den Atembeschwerden bei brachycephalen (kurzschnäuzigen) Rassen (Mops, frz. Bulldogge, Boxer etc.) u.v.m.

Es gibt auch Hundebücher, die auf die Leichtigkeit bzw. Schwere der Erziehbarkeit eingehen. Dies ist aber m. E. viel zu pauschal, da jeder Hund für sich ein Individuum ist und auch die künftigen Halter ganz unterschiedliche Voraussetzungen mitbringen, weshalb ich ihnen dies hier ganz bewusst vorenthalte.

Nachwort

Wer dieses Buch gelesen hat, mag nun vielleicht etwas Bauchweh bekommen – so viele Dinge sind zu beachten und zu bedenken!

Ja – aber!

Aber das kommt alles ganz langsam nacheinander. Man hat eigentlich Zeit, sich auf alles einzustellen, man sollte nur wissen, dass es so kommen kann. Es wird sich aber ganz normal in den Alltag integrieren und mitlaufen. Also keine Angst sondern einfach nur gut vorbereitet zur Hunde-Adoption. Dann werden auch alle viel Freude miteinander haben!

Ich wünsche Ihnen viel Glück und Freude und ein freundschaftliches Miteinander mit ihrem Vierbeiner, der hoffentlich bald bei Ihnen ein glückliches Zuhause finden wird.

Danksagung

An dieser Stelle möchte ich mich vor Allem bei meinem Mann bedanken, der mich immer wieder antrieb und unterstützte um meine Ausbildung als Tierpsychologin ATN und Hundeerzieherin / Verhaltensberaterin IHK zu machen. Ohne seine Unterstützung gäbe es dieses Buch und alles was ich über Hunde lernen durfte nicht.

Danken möchte ich auch meinem Hund, der mich nie aufgegeben hat! Einen besseren Hund könnte ich mir nicht wünschen!

Keiner lacht wie ein Wolfsspitz ...   © Privat - Silvia Kaczmarek

Das schönste ist für mich – wenn mein Hund mich ansieht und anlacht (Spitze können das!). Dabei wird es mir auch nach Jahren noch jedes mal warm ums Herz.

Dieses wunderbare Gefühl zu erleben, wünsche ich auch Ihnen und Ihrem Hund.

Stichwortverzeichnis

Wichtige Daten ihres Hundes (Teil 1) :

Rufname des Hundes		*Tragen Sie hier den Rufnamen ihres Hundes ein, auf den er hört*
Name des Hundes lt. Zuchtbuch		*Falls ihr Hund von einem Rassezüchter stammt, wird er dort meistens schon einen Zwingernamen erhalten haben*
Geburts- datum		
Chip-ID des Hundes		*Tragen Sie hier die Transponder- Nummer (Chip- Nummer) ihres Hundes ein. Diese ist 15-stellig und besteht ausschließlich aus Ziffern.*
EU- Heimtier- ausweis Nr.		*Tragen Sie hier die EU-Heimtierausweis- Nummer ein. Sie finden die Nummer auf der Vorderseite des Ausweises.*
TASSO- Kenn-Nr		*Tragen Sie hier die TASSO-Kenn-Nr ihres Hundes ein.*

Wichtige Daten ihres Hundes (Teil 2) :

Steuer-nummer des Hundes		*Tragen Sie hier die Steuernummer ihres Hundes ein*
Besondere Erkennungs-merkmale des Hundes		*Wenn ihr Hund verloren geht, kann die Polizei oder das Tierheim mit diesen Angaben schneller feststellen, ob so ein Hund gefunden wurde.*
Schulter-höhe in cm		
Gewicht in kg		
Medikation		*Tragen Sie hier ein, wenn ihr Hund regelmäßig Medikamente braucht*